T0081366

DESCARGA
GRATUITA

Editorial **CLIE**

**Como muestra
de gratitud por su compra,**

visite www.clie.es/regalos
y descargue gratis:

*"Los 7 nuevos descubrimientos sobre
Jesús que nadie te ha contado"*

Código:

DESCU24

¿Soy solo un cerebro?

Sharon Dirckx

Editorial CLIE
www.clie.es

EDITORIAL CLIE
C/ Ferrocarril, 8
08232 VILADECAVALLS
(Barcelona) ESPAÑA
E-mail: clie@clie.es
http://www.clie.es

Publicado originalmente en inglés por The Good Book
Company, bajo el título *Am I just my brain?* por Sharon
Dirckx. © 2019 por Sharon Dirckx.
Traducido y publicado con permiso de The Good Book
Company.

*«Cualquier forma de reproducción, distribución, comunicación
pública o transformación de esta obra solo puede ser realizada con
la autorización de sus titulares, salvo excepción prevista por la ley.
Diríjase a CEDRO (Centro Español de Derechos Reprográficos) si
necesita fotocopiar o escanear algún fragmento de esta obra (www.
conlicencia.com; 917 021 970 / 932 720 447)».*

*El texto Bíblico ha sido tomado de la versión Reina-Valera ©
1960 Sociedades Bíblicas en América Latina. Utilizado con
permiso.*

© 2021 por Editorial CLIE

¿SOY SOLO UN CEREBRO?
ISBN: 978-84-17620-98-1
Depósito Legal: B 22147-2020
Teología cristiana
Apologética
Referencia: 225140

Impreso en Estados Unidos de América / *Printed in the United States of America*

Acerca de la autora

La Dra. Sharon Dirckx (se pronuncia "Dirix") tiene un doctorado en Imagenología cerebral por la Universidad de Cambridge y actualmente trabaja como tutora sénior en el Oxford Centre for Christian Apologetics. Cuenta con más de diez años de experiencia en Imagenología por resonancia magnética funcional (IRMf), habiendo trabajado en el Reino Unido y en Estados Unidos. En este último país realizó investigaciones sobre la adicción de las personas a la cocaína.

Sharon da conferencias en el Reino Unido, Europa y Norteamérica sobre ciencia, teología, "la mente y el alma" y el problema del mal. Recientemente fue oradora en el Veritas Forum de la Universidad de Oxford. Sharon ha aparecido en diversos programas televisivos y radiofónicos de la BBC. Es autora también del galardonado libro sobre el sufrimiento titulado *¿Por qué? Dios, el mal y el sufrimiento personal.*

Sharon vive en Oxford con su esposo Conrad y con sus hijos Abby y Ethan.

"¿Que por qué puedes pensar? Porque se activan tus neuronas. Punto y final". Pero ¿realmente es así? Sharon Dirckx sostiene convincentemente que ese no es el punto y final. La autora compagina su experiencia profesional con la claridad de un docente para explicar que somos más que máquinas. Afirma, además, que la pregunta "¿Soy solo un cerebro?" no va dirigida solo al neurocientífico y al filósofo. Tiene implicaciones que afectan a todas las personas. Ofrece razones de peso por las que deberíamos tomarnos en serio el mensaje cristiano. Este libro proporciona un excelente alimento para la mente, y también para el corazón.

Dr. Pablo Martínez Vila
Psiquiatra y escritor

Exponiendo los argumentos con su estilo habitual y ameno, Sharon defiende con firmeza los motivos por los que la respuesta al título de su libro debería ser [alerta de *spoiler*] "No". Tanto si estás de acuerdo con sus conclusiones como si no, este viaje sucinto de las cuestiones más candentes de la neurociencia es un resumen útil, claro y conciso de las distintas posturas filosóficas y teológicas y de los datos científicos más actuales.

Dra. Ruth M. Bancewicz
The Faraday Institute for Science and Religion, Cambridge, Reino Unido

En este libro fresco, claro y útil, la Dra. Dirckx expone un aspecto esencial de lo que se ha llamado "la conversación más importante de nuestros tiempos". La libertad, ¿es solo un espejismo? La dignidad humana, ¿es algo más que un tipo de "especismo"? ¿No somos nada más que nuestros cerebros? Las respuestas a estas preguntas nos afectan a todo, y es crucial que las abordemos.

Dr. Os Guinness
Escritor y comentarista social

A menudo los libros sobre este tema los escriben expertos en filosofía y pueden resultar difíciles de entender para el lector medio. Este libro está escrito por una neurocientífica, y va destinado a los inexpertos en la materia. El glosario y los diagramas a modo de resumen hacen que este tema tan importante pueda llegar a un mayor número de personas. Esta exposición, que considero muy amena, induce sin embargo a reflexionar, y te la recomiendo sinceramente.

Dr. John V. Priestley, profesor emérito de neurociencia
Queen Mary University of London, Reino Unido

¿Somos algo más que los átomos que nos componen? ¿Pueden reducirse los humanos a una masa de materia gris que tenemos entre las orejas? Sharon Dirckx se fundamenta en su trabajo doctoral sobre la ciencia y también en sus años de experiencia como expositora de la fe cristiana, para ayudar al lector a pensar en este asunto crucial. Tanto si eres un cristiano que intenta responder con inteligencia a nuevas preguntas de la neurociencia como si eres alguien que sospecha que la historia secular no es todo lo que hay, *¿Soy solo un cerebro?* ayudará a abordar este tema tan fascinante no solo a tu cabeza, sino también a tu corazón, tu mente y todo lo demás que hace de ti quien eres.

Dr. Andy Bannister, conferenciante y escritor
Director de The Solas Centre for Public Christianity

Sharon Dirckx ha escrito una introducción excelente al desafiante tema de la consciencia humana. En este libro breve pero excelente ha definido y debatido los temas principales con claridad, haciendo hábilmente que los conceptos difíciles sean más sencillos de entender. El resultado es un caso sólidamente expuesto que sostiene que nuestras mentes son más que solo nuestros cerebros físicos. Examina preguntas que la neurociencia no puede responder, como *por qué* somos capaces de pensar, y demuestra como esto apunta, en última instancia, a la realidad de un Dios creador. ¡Es muy recomendable!

Dr. Gordon Dandie FRACS
Neurocirujano, Sídney, Australia

La Dra. Dirckx está muy cualificada para investigar el asunto que da título a su libro. Ilumina el concepto reduccionista tan extendido que dice que el cerebro es lo mismo que la mente, y demuestra que esto depende más de una filosofía naturalista o materialista presupuesta que de la ciencia auténtica. Este libro va dirigido a la gente con mente abierta, y enriquecerá al lector independientemente de su cosmovisión. Lo recomiendo totalmente.

John C. Lennox
Profesor emérito de matemáticas, Universidad de Oxford

Este libro enseña cómo ese abismo perceptible entre Dios y el cerebro no tiene por qué ser un obstáculo: puede ser un indicador. Siéntate a los pies de una experimentada neurocientífica cristiana y descubre cómo.

Steve Adams
Autor de *The Centre Brain*

Índice

Para mis padres, Dennis y Pauline. Vuestro amor y vuestro respaldo a lo largo de toda una vida son los que han hecho posible este libro.

Introducción

Tengo el recuerdo de una ocasión, cuando era muy pequeña, en que estaba sentada junto a una ventana un día de lluvia, mirando cómo las gotas chocaban con el cristal. Como todos los niños normales, me pasaba la mayor parte de mi vida corriendo de un lado para otro, pero en aquel momento concreto estaba quieta, y mi mente tuvo tiempo de vagabundear. Recuerdo que me vino a la mente una serie de preguntas:

> *¿Por qué puedo pensar?*
> *¿Por qué existo?*
> *¿Por qué soy una persona viva, que respira, consciente, que experimenta la vida?*

En realidad no recuerdo de dónde salieron esas preguntas. Tampoco recuerdo qué edad tenía exactamente. Sencillamente, estaban ahí. Surgieron de forma espontánea.

Sé que no soy la primera persona que ha tenido este tipo de "momentos". Cuando nos detenemos el tiempo suficiente, a la superficie de nuestra consciencia aflora todo tipo de cosas. Los gurús de la concienciación llegan a decirnos incluso que sacar a un primer plano este tipo de consciencia es bueno para nuestra salud. Cuanto más en contacto estemos con nuestra vida interior (como el latido de nuestro corazón, nuestra respiración y las emociones subyacentes) y con nuestro entorno exterior (como el canto de los pájaros a cierta distancia, o un portazo en la habitación de al lado), mejor. La atención consciente parece ser un factor crucial para lo que significa ser un ser humano vivo, que respira.

Pero ¿qué *es* exactamente un ser humano? ¿Y cómo podemos combinar este tipo de momentos como el que describía antes, con algunas de las narrativas procedentes de las ciencias? ¿Somos solo primates avanzados? ¿Somos máquinas? ¿Somos almas confinadas a un cuerpo? ¿O somos quizá una combinación de estas tres cosas? Encontramos muchas respuestas diferentes. Algunas de las voces más potentes que han respondido a esta pregunta proceden del campo de la neurociencia. Responden diciendo: "*Eres tu cerebro. Eres tus neuronas. ¿Que por qué puedes pensar?* Porque se activan tus neuronas. Punto y final".

Francis Crick, codescubridor del ADN y que obtuvo el Premio Nobel conjunto de Fisiología o Medicina en 1962, dijo lo siguiente en su libro *La búsqueda científica del alma*:

> "*Tú*", *tus alegrías y tus penas, tus recuerdos y tus ambiciones, tu sentido de la identidad personal y del libre albedrío, no sois de hecho más que el comportamiento de una vasta congregación de células nerviosas y de las moléculas asociadas a ellas. Tal como podría haberlo expresado Lewis Carroll: "No eres más que un puñado de neuronas". Esta hipótesis es tan ajena a las ideas que tiene la mayoría de las personas que viven hoy en día que realmente podemos llamarla revolucionaria.*

Cincuenta años más tarde, esta hipótesis no nos parece en absoluto extraña. De hecho, hay muchos que ya ni siquiera la consideran una hipótesis. Según ellos, es la verdad. La *única* verdad.

¿Tiene razón Crick? ¿De verdad nuestro cerebro explica quiénes somos? La respuesta que le demos a esta pregunta tiene consecuencias muy trascendentales.

Tiene consecuencias para el libre albedrío. Si es nuestro cerebro el que nos conduce, ¿somos realmente libres para tomar decisiones, o simplemente nos impulsan las reacciones químicas presentes en nuestro organismo? Basándonos en esta idea, ¿cómo podemos responsabilizar a alguien de sus actos, sean buenos o malos?

Tiene consecuencias para la robótica. Los robots cada vez suponen un sector más amplio de la fuerza laboral, y ahora se han colado en nuestras casas bajo la forma del Asistente de Google, Alexa y Siri. ¿Seremos capaces algún día de fabricar robots conscientes dotados de una inteligencia plena pero artificial?

Tiene consecuencias para la ética. Si nuestro cerebro nos define, la condición de persona depende de tener un cerebro que funcione correctamente. Pero si esto es verdad, ¿qué estatus debemos conceder a aquellos cuyos cerebros no están plenamente desarrollados, como los bebés prematuros y los recién nacidos? ¿O a aquellas personas cuyos cerebros nunca han funcionado a pleno rendimiento, como los que tienen problemas de aprendizaje? ¿Y qué hay de aquellos individuos cuyos cerebros funcionaron bien en otro tiempo pero que ahora están sumidos en un proceso degenerativo debido a la enfermedad de Alzheimer o a la demencia vascular? De hecho, ninguno de nosotros está exento de esa posibilidad. Una vez sobrepasada la edad de 18 años, incluso una persona sana y en forma empieza a perder células cerebrales a un ritmo alarmante. Con la edad, nuestros cerebros se van deteriorando. ¿Significa esto que nuestra condición como personas también lo hace?

Por último, tiene consecuencias para la religión. Desde que ha salido a la luz el hecho de que el cerebro participa muchísimo en la fe y la experiencia religiosa, ¿puede ya la neurociencia explicar la religión? ¿Es la religión un mero estado mental, limitado a aquellos que gozan de la anatomía correcta?

"¿Soy solo un cerebro?" no es simplemente una pregunta científica. Está vinculada a unas cuestiones de identidad que la ciencia, por sí sola, no puede responder; y para analizar plenamente esta pregunta necesitaremos paradigmas entresacados de la filosofía y de la teología, no solo de la neurociencia.

En esta conversación la mente tiene una importancia especial. ¿Somos algo más que neuronas porque existe lo que llamamos "mente"? No nos limitamos a secretar sustancias químicas cerebrales; también tenemos pensamientos. Y no pensamos con nuestros cerebros, sino con nuestra mente. Pero ¿qué *es* exactamente la mente, y cómo se relaciona con el cerebro? He aquí el problema. La relación entre la mente y el cerebro es discutible. La ensayista Marilynne Robinson, en su libro *Absence of Mind* ("Enajenamiento"), interpreta bien esta situación cuando señala que:

Quien controla la definición de mente controla la definición de la propia humanidad.[1]

La respuesta que le des a la pregunta "¿Soy solo un cerebro?" no va destinada solamente al neurocientífico y al filósofo. Tiene implicaciones que afectan a todas las personas.

---

1. M. Robinson, *Absence of Mind* (Yale University Press, 2010), p. 32.

Glosario

Resulta inevitable que un libro sobre este tema incluya muchos términos especializados. He intentado reducir al mínimo la terminología técnica de la biología, pero las palabras que usan los filósofos para describir los conceptos que analizaremos pueden resultar igual de confusas. Espero que la siguiente lista te ayude a asimilar con un poco más de facilidad los pensamientos, las preguntas y las respuestas contenidas en este libro.

Causación descendente: El proceso mediante el cual la mente puede actuar "hacia abajo" sobre el cerebro, produciendo así alteraciones en el mismo.

Compatibilismo: El paradigma que sostiene que el determinismo es cierto pero también compatible con el libre albedrío. Los compatibilistas creen que los humanos están determinados por causas previas pero que también pueden actuar libremente cuando no están siendo coaccionados o cuando no intentan satisfacer sus propios deseos. A esto se le llama también determinismo "blando".

Consciencia: Propiedad de la mente por medio de la cual llegan a existir nuestros pensamientos, sentimientos, experiencias y deseos subjetivos.

Determinismo: La creencia de que las causas anteriores garantizan un resultado particular. Todo suceso tiene una causa.

Determinismo duro: La creencia de que las causas previas garantizan totalmente un resultado particular, como el que no podría haberse obtenido por otra vía. Dentro de la neurociencia, esto se equipara a la creencia de que el cerebro humano y las decisiones que se originan en él vienen determinados en todos los niveles por causas previas, lo cual descarta la posibilidad de que exista el libre albedrío.

Dualismo sustancial (neurocientífico): La postura que dice que existen dos sustancias distintas que caracterizan la relación entre mente y cerebro: un cerebro físico y una mente no física. La mente puede existir sin el cerebro, pero en los seres humanos ambos interactúan. La mente trasciende al cerebro.

Fisicalismo: El paradigma que afirma que el mundo físico observable es lo único que existe. Para el propósito de este libro, se usa de manera intercambiable con "materialismo".

Fisicalismo no reduccionista (neurocientífico): La postura que sostiene que el cerebro es el que ha generado la mente. Cuando se reúne un conjunto de elementos constitutivos y alcanzan cierto grado de complejidad, emerge algo nuevo (la mente). La mente es física, pero no puede reducirse solamente a procesos físicos.

Fisicalismo reduccionista (neurocientífico): Paradigma según el cual la mente se puede reducir a procesos físicos en el cerebro. Por consiguiente, la mente por sí misma no existe. La mente es el cerebro.

Incompatibilismo: El paradigma que sostiene que el libre albedrío y el determinismo son incompatibles, que pueden sostener por un igual tanto los deterministas duros como los libertarios, pero por motivos distintos. Los deterministas duros piensan que la naturaleza fija del cerebro descarta la posibilidad del libre albedrío. Los libertarios creen que la voluntad humana está libre de coacciones, y por consiguiente que el cerebro no puede estar determinado en todos los niveles.

Libertarianismo: La postura que sostiene que unos agentes (es decir, individuos) que no están determinados por causas previas pueden tomar decisiones libremente. Este paradigma defiende el libre albedrío humano.

Materialismo: El paradigma que afirma que la materia observable en el espacio y en el tiempo es lo único que existe. Para el propósito de este libro, se usa este término de manera intercambiable con "fisicalismo".

Mente: La portadora de la vida invisible e interna de la persona, manifiesta bajo la forma de pensamientos, sentimientos, emociones y recuerdos. La mente es la portadora de la consciencia.

Neurocientífico: Científico que estudia el cerebro y sus funciones.

Neurocirujano: Médico que se ha formado en el diagnóstico y la intervención quirúrgica de pacientes con disfunciones del cerebro o del sistema nervioso.

Neurólogo: Médico que se ha formado para diagnosticar y tratar disfunciones del cerebro y del sistema nervioso.

Psicólogo: Profesional no médico que se ha formado para tratar a personas con disfunciones mentales. Un psicólogo no está autorizado para recetar medicación, y es probable que trate a sus pacientes guiándoles en la práctica de ejercicios mentales.

Psiquiatra: Médico que se ha formado para tratar a personas con enfermedades mentales. Un psiquiatra está facultado para recetar medicación como parte del tratamiento de un paciente.

SDAH (Sistema de detección de agentes hipersensible): Sistema que según los científicos cognitivos de la religión está inserto en la mente humana, y es el que permite que absorbamos patrones, señales y otros agentes de nuestro entorno.

1
¿De verdad soy solo un cerebro?

Nunca olvidaré el día en que vi cómo extraían un cerebro humano a un cadáver. En aquel momento ya estaba muy familiarizada con el cerebro humano, después de pasar años realizando imágenes de él y estudiándolo. Aun así, aquella experiencia fue algo distinto.

Un grupo de nosotros, vestidos todos con batas verdes y calzados con zapatos de plástico azul, estábamos en una sala de disección de una escuela de medicina. La gélida formalidad se adecuaba al aire frío de aquel entorno. El penetrante olor del formaldehído, usado para conservar tejidos humanos, llenaba nuestras fosas nasales. En la mesa, delante de nosotros, yacía el cuerpo de una anciana.

Aquella no era la primera vez que veía un cadáver, pero aquellas circunstancias tenían algo de peculiar. La mujer había donado su cuerpo para la investigación científica. Estábamos allí para estudiar la anatomía del cerebro humano, y la primera fase consistía en ver cómo lo extraían del cuerpo. Nuestro profesor e instructor de anatomía comenzó el proceso. No hubo derramamiento de sangre, porque aquella persona había fallecido hacía algún tiempo, pero sí tuvo que aserrar bastante y, en algún que otro momento, aplicar la fuerza bruta para perforar el cráneo y poner a la vista el cerebro. A pesar de la técnica poco sofisticada, fue una experiencia profundamente aleccionadora y reverente, que manifestaba el respeto más intenso por aquella mujer anónima que había ofrecido su cuerpo para que otros pudieran aprender.

Pocos minutos después ya teníamos el espécimen en su totalidad. Era una masa de agua y grasa, que pesaba solo 1,5 kg. Me puse en "modo de estudio", dejando de pensar tanto en la persona y más en la anatomía del cerebro. Aun así, era innegable que en la mesa, delante de nosotros, teníamos al mediador de los pensamientos, los anhelos y las experiencias de aquella mujer anónima.

Al tacto, el cerebro humano tiene la consistencia de los champiñones. Sin embargo, misericordiosamente, entre las orejas no cultivas champiñones. No, más bien lo contrario. Este increíble órgano supone solo el 2 % del peso corporal, pero utiliza el 20 % de su energía, a pesar de que está formado por agua en un 75 %. El cerebro humano contiene en torno a 86.000 millones de células cerebrales, llamadas neuronas. Cada una de esas neuronas puede emitir hasta mil impulsos nerviosos por segundo a otras decenas de miles de células, a velocidades de hasta 430 km/h.[2] Mientras lees estas palabras, tu cerebro genera suficiente electricidad como para encender una bombilla LED, y a cada minuto que pasa, por tu cabeza circula suficiente sangre como para llenar una botella de vino. El cerebro humano está más desarrollado que el de cualquier otra criatura, aunque el premio al cerebro más grande se lo lleva el cachalote, cuyo cerebro pesa 7,5 kg.

---

2. www.bebrainfit.com (consultada el 21 de enero de 2019).

Todo pensamiento, recuerdo, emoción que sientes y toda decisión que tomas pasa por el filtro de eso que llamamos cerebro. Las alteraciones en la química y en la fisiología de nuestro cerebro afectan a nuestra capacidad de pensar. Por ejemplo, solo un pequeño grado de deshidratación puede afectar tremendamente a nuestra capacidad de mantener la atención, a nuestra memoria y a nuestra capacidad de pensar con claridad. Y muchos de nosotros sabemos que la ingesta matutina de cafeína es vital para poner en marcha nuestros procesos intelectuales al principio de cada nuevo día.

Pero ahora también sabemos que los cambios en nuestro pensamiento tienen un impacto sobre el propio cerebro. Los científicos solían pensar que el cerebro era algo fijo y rígido, pero ahora sabemos que es increíblemente "plástico", en el sentido de que cambia constantemente, formando nuevas conexiones y vías a lo largo de toda la vida de una persona. Los cambios en el cerebro afectan a nuestro pensamiento. Pero nuestro pensamiento, nuestro estilo de vida y nuestros hábitos también inciden en el modo en que crece y se desarrolla nuestro cerebro.

EL ESTUDIO DEL CEREBRO

Desde bien joven supe que quería ser científica. En la escuela me esforcé mucho (quizá demasiado), y al principio de la adolescencia ya soñaba con cursar un doctorado. La escuela en Durham dio paso a la universidad en Bristol en el Reino Unido, donde estudié bioquímica.

Me encantaban las clases, pero el trabajo en el laboratorio no tanto. En mi época, los laboratorios de bioquímica eran un entorno cálido, donde a menudo flotaba un intenso aroma parecido al de la levadura. Allí podían verse estudiantes vestidos con batas blancas que mezclaban, centrifugaban o agitaban exóticos mejunjes, trasvasando con la pipeta una pequeña cantidad de líquido de una probeta a otra, u observando expectantes cómo sus matraces de cristal disfrutaban de un largo baño caliente. Podían transcurrir semanas, y a veces incluso meses, antes de descubrir si un experimento había salido bien. Y si no había sido así, era cuestión de empezar de nuevo. Esto era a mediados de la década de 1990. Desde entonces las cosas han progresado.

Fue en Bristol donde oí hablar por primera vez de la imagenología cerebral. Tenía unos amigos que estudiaban Física y que procuraban extraer resultados de una máquina arcaica que se aguantaba más o menos en pie a base de precinto de embalar, y que estaba justo al otro extremo del pasillo donde se encontraba mi laboratorio de investigación. Usaban lo que en aquel entonces era una nueva tecnología que les permitía mirar dentro del cuerpo sin hacer una sola incisión: la máquina de imagen por resonancia magnética (IRM). Aquella técnica me atrajo, y dos años más tarde comencé un doctorado en la Universidad de Cambridge. Recuerdo claramente cuando la hija de cuatro años de uno de los investigadores nos recordó cuál era la única ventaja comercial de la IRM: "Papi, cuando hacen rebanadas el cerebro de ese señor, ¿no le duele?". La niña estaba mirando una pantalla donde aparecía la cabeza de un hombre de la que se iba desprendiendo una capa tras otra para mostrar zonas cada vez más internas del cerebro. ¿Duele? En absoluto. Gracias a la IRM las rebanadas que obtenemos del cerebro son electrónicas, no reales.

Una de las contribuciones más emocionantes de la imagenología cerebral es que permite a los científicos estudiar los cerebros de personas sanas. Cuando empezaba el siglo XX, la única manera de ver el interior del cerebro pasaba por tomar un escalpelo y comenzar a cortar, los únicos sujetos disponibles para la investigación eran aquellos que padecían enfermedades lo bastante desagradables o incurables como para estar dispuestos a probar cualquier cosa; o bien, aquellos en quienes la enfermedad ya había alcanzado su estadio final. La llegada de las técnicas de imagenología cerebral supuso que a partir de ese momento se pudieron comparar cerebros sanos con otros enfermos.

Avancemos rápidamente hasta la década de 1990, cuando la IRM funcional (IRMf) llevó la captación de imágenes a otro nivel, permitiéndonos observar no solo la estructura de una serie de imágenes estáticas sino también la *actividad* cerebral. Recuerda las veces que has subido a una torre, cuando el esfuerzo de ascender se ve recompensado por una vista espectacular. Cuando llegamos arriba, a menudo nuestra vista se centra primero en las estructuras más grandes, fijas y fácilmente reconocibles, como los edificios y las calles. Pero luego también detectamos el movimiento de los peatones, los coches y los autobuses. Hoy día la IRM se usa con mayor frecuencia para analizar la anatomía fija del cerebro o de otras partes del cuerpo, como las rodillas o las articulaciones de los hombros. En cambio, la IRMf mide el *movimiento* dentro del cerebro, concretamente el movimiento de la sangre. Cuando una parte del cerebro empieza a

IMÁGENES DE RESONANCIA MAGNÉTICA Y SU CAPACIDAD DE VER
EL INTERIOR DEL CEREBRO HUMANO

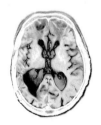 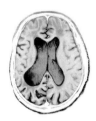 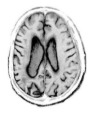

trabajar con más intensidad, aumenta el riego sanguíneo en la zona, aportando suministro de oxígeno y de azúcares. La IRM funcional mide ese riego sanguíneo y nos indica qué parte del cerebro funciona en cada momento. Su desarrollo, a finales de la década de 1980, dio forma al panorama de la neurociencia durante las próximas décadas; es un paisaje que actualmente seguimos explorando.

Tuve el privilegio de pasar once años dedicada a la investigación de la IRMf, y de trabajar con algunos neurocientíficos brillantes que han hecho contribuciones importantes a este campo de la investigación. Por medio de la IRMf pudimos investigar cómo puede reorganizarse el cerebro en torno a un tumor o cómo cae bajo el control de una droga que crea adicción. Al principio mi investigación se centró en voluntarios sanos, pero más adelante empecé a trabajar con pacientes con cáncer y también con cocainómanos.

¿SOMOS SOLO UN CEREBRO?

Cuando recuerdo aquel cuerpo en la sala de disección, que en otro tiempo fuera una mujer viva, no puedo evitar preguntarme: "¿Qué es lo que me hace persona?". Hoy día se presentan muchas respuestas. La industria de la moda y de la cosmética dice: "Eres tu cuerpo". El mundo financiero podría decir: "Eres tus ingresos". Los políticos dicen: "Eres tu influencia". El ámbito académico diría: "Eres lo que publicas". Más recientemente, los neurocientíficos han empezado a decir: "Eres tu cerebro". Entender a una persona supone entender su cerebro. Comprender el cerebro es entender a la persona.

¿Qué podemos pensar de esta conclusión? Según el paradigma "eres tu cerebro", ahora la neurociencia puede abordar la pregunta fundamental de la identidad humana. Para algunos, la neurociencia se ha convertido en la lente con la que encontramos sentido a todas las áreas de la vida. Se han usado mapas cerebrales para tomar decisiones de *marketing*, decisiones económicas, incluso decisiones legales. En lugar de pedirle la opinión a alguien, ¡podemos escanearle el cerebro! El profesor Raymond Tallis, médico clínico y neurocirujano jubilado de la Universidad de Manchester, ha descrito esta actitud como "neuromanía".[3] La neurociencia ha hecho asombrosos descubrimientos que han mejorado nuestro entendimiento y nuestra capacidad de diagnosticar y curar enfermedades. Pero ¿no nos habremos obsesionado también con la posibilidad de que pueda responder a todas las preguntas que tenemos?

¿DÓNDE EMPEZÓ TODO ESTO?

Antes de abordar el meollo de este asunto, puede que nos ayude entender de dónde ha salido este paradigma. A primera vista, la creencia de que el cerebro lo explica todo parece nueva, como si su origen se debiera forzosamente al progreso de la neurociencia. Sin embargo, esa creencia se puede rastrear hasta la antigua Grecia, y en concreto hasta el siglo V a. C. El médico Hipócrates (460-377 a. C.) es muy conocido por el Juramento Hipocrático, que se puede resumir como *no hacer daño*, pero también estudió la epilepsia y escribió sobre ella. En su obra *Sobre la enfermedad sagrada* comentó (la negrita es mía):

> *Los hombres deberían saber que **del cerebro, y solamente del cerebro**, nacen nuestros placeres, alegrías, la risa y las chanzas, así como nuestras penas, dolores, tristezas y lágrimas.*[4]

---

3. R. Tallis, *Aping Mankind: Neuromania, Darwinitis and the Misrepresentation of Humanity* (Acumen, 2011).
4. Hipócrates de Cos, *The Sacred Disease* (Loeb Classics Library 148), pp. 174-175.

Hipócrates estaba diciendo que la epilepsia no es el resultado de la posesión demoníaca, como se pensaba habitualmente en aquella época, sino que es una enfermedad del cerebro. Sin embargo, esta frase que dice *del cerebro, y solamente del cerebro*, ha dado forma al paradigma moderno cada vez más extendido de que "la mente es igual al cerebro" en todos los sentidos.

Esta conclusión es la que han expresado en el mundo académico de nuestra época figuras como sir Colin Blakemore, profesor de neurociencia en la Universidad de Oxford, quien en 1976 afirmó:

> *El cerebro humano es una máquina que, por sí sola, explica todos nuestros actos, nuestros pensamientos más íntimos, nuestras creencias. Todos nuestros actos son producto de nuestra actividad cerebral.*[5]

Y al final, las opiniones que se tienen en el mundo académico se filtran en la cultura popular. La película de animación de Disney *Del revés* es un ejemplo de esto. La película describe creativamente la complejidad del cerebro humano *y* la importancia que tienen las distintas emociones (Alegría, Tristeza, Ira, Miedo y Asco son algunos de los personajes del film). La plasticidad del cerebro se plasma mediante la ruptura y la reformación de diversas "islas". No obstante, el hilo narrativo que discurre por esta película es que todo lo que hace que la protagonista Riley sea lo que es, procede de los mecanismos físicos dentro de su cabeza. Cuando los recuerdos esenciales y las "islas" de Riley están intactos, su conducta exterior está equilibrada. Cuando no lo están, el mundo exterior se desmorona. Tal como sugiere el título, todo está del revés; no hay nada del derecho.

---

5. C. Blakemore, *The Mind Machine* (BBC Books, 1990), p. 270.

¿POR DÓNDE HAY QUE EMPEZAR?

¿Cómo deberíamos empezar a examinar la pregunta de si "soy solo un cerebro"? Para que el punto de partida sea útil debe estar abierto a la posibilidad de que la respuesta no se encuentre solo en la neurociencia. A primera vista, esta pregunta parece ser de naturaleza científica, principalmente porque la pregunta la formulan los científicos y hace referencia a una parte de nuestra anatomía. Pero de hecho, "¿Soy solo un cerebro?" formula una pregunta filosófica sobre la identidad humana. Por sí sola, la neurociencia es incapaz de responder a este tipo de preguntas. La neurociencia describe con hermosos detalles lo que sucede en el cerebro, y es la disciplina evidente a la que acudir para responder preguntas como "¿Qué es un cerebro?" y "¿Cómo funciona el cerebro?". Pero la pregunta "¿Qué es una persona?" es muy diferente. Va más allá del método científico y entra en la filosofía, la ética y, como sostendrían muchos, la teología.

La memoria humana posee muchos componentes distintos, uno de los cuales es tu memoria de trabajo, que esencialmente es el "bloc de notas" que llevas en la cabeza. La memoria de trabajo, memoria funcional, es la parte de tu cerebro que utilizas cuando intentas recordar la lista de la compra que escribiste antes y que luego olvidaste en casa. Imagina que un neurocientífico que estudiase la memoria de trabajo humana decidiera que solo tomaría como referencia los resultados procedentes de la IRM funcional, sin tener en cuenta todas las demás disciplinas, como la fisiología, la anatomía y la farmacología. Francamente, esa sería una práctica médica deficiente, que llevaría a una merma de la comprensión de la memoria de trabajo. Un buen científico emplea todos los instrumentos que están a su disposición e intenta encuadrar sus resultados dentro del contexto más amplio de otras disciplinas. De igual manera, intentar responder a preguntas sobre la identidad humana usando solamente la neurociencia supone quedarse corto. Para responder a las preguntas sobre la identidad, tenemos que ir más allá de la neurociencia. Por sí solas, las neuronas y las sustancias químicas cerebrales no nos llevarán hasta ese punto, y nos ofrecerán una concepción reducida de la persona humana. La pregunta "¿Soy solo un cerebro?" no es solo científica, sino también filosófica, de modo que nuestra ruta pasará por el terreno de la filosofía, no solo por el de la neurociencia

Para ser un buen científico es necesario estar abierto a nuevas ideas y a resultados inesperados. La comprensión común de la ciencia incluye procesos como establecer una hipótesis, reunir datos y después interpretarlos. La hipótesis es nuestra teoría de lo que esperamos observar. Si los datos encajan con la hipótesis, puede que vayamos por buen camino. La siguiente fase consiste en intentar obtener de nuevo los mismos resultados. Si tenemos éxito en varias ocasiones, empieza a parecer que la hipótesis era correcta. Sin embargo, si los datos no encajan con la hipótesis, tendremos que estar abiertos a la posibilidad de que nuestra hipótesis sea errónea y necesite que la revisemos.

A veces, los científicos se sienten tentados a "amañar" los datos para hacer que encajen con la hipótesis. Sin embargo, algunos progresos destacados de la ciencia se han producido gracias a unos resultados inesperados y a la valiente revisión de teorías bien arraigadas y enfrentándose a la crítica. Para que un científico alcance el éxito, es necesario que tenga una mente abierta. Quiero invitarte a que apliques la misma mentalidad abierta a los temas que estamos tratando en estas páginas.

¿HAS PERDIDO LA CABEZA?

Hasta el momento hemos estado hablando del cerebro, esa estructura con forma de champiñón alojada entre tus orejas, compuesta por millones de neuronas interconectadas bañadas por sustancias químicas y hormonas, y sujetas a actividad eléctrica. Pero no solo tenemos neuronas, sino también pensamientos. Según parece, también tenemos una mente. Entonces, ¿qué es exactamente la mente?

LAS NEURONAS SON LOS BLOQUES DE CONSTRUCCIÓN DEL CEREBRO
Se conectan entre sí mediante sinapsis.

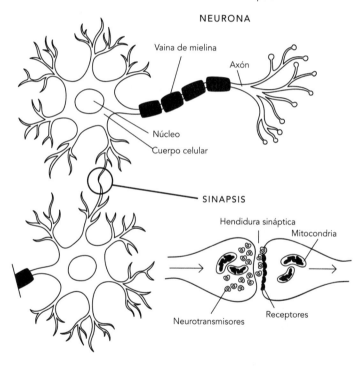

El *Merriam Webster Medical Dictionary* define "mente" como:

El elemento o el complejo de elementos presentes en un individuo que siente, percibe, piensa, tiene voluntad y, especialmente, razona.

El *Oxford English Dictionary* la define de la siguiente manera:

La sede de la consciencia, el pensamiento, la volición, el sentimiento y la memoria.[6]

En otras palabras, la mente es la portadora de la vida interior e invisible de la persona, manifiesta bajo la forma de pensamientos, sentimientos, emociones y recuerdos. Cuando eliges una lista de reproducción de tu teléfono, recuerdas una conversación mantenida el día anterior o reaccionas ante un comentario ofensivo en las redes sociales, es tu mente la que actúa.

Entonces, ¿qué relación existe entre el cerebro y la mente, entre las neuronas y los pensamientos, entre las sinapsis y las sensaciones? ¿Cómo pasamos de los voltajes cerebrales a "Hoy me apetece jugar al tenis"?

La mente y el cerebro están claramente relacionados, pero ¿cómo exactamente? Esta es la pregunta del millón que vamos a tratar en este libro. Este enigma ha ocupado a filósofos, éticos y teólogos durante siglos. Se han ofrecido muchas respuestas diferentes a lo que se conoce como "el problema mente-cerebro".

LA RELACIÓN ENTRE MENTE Y CEREBRO

¿Cómo pasamos de las neuronas a los pensamientos?

He tenido un día difícil. Me gustaría jugar al tenis antes de cenar. Me pregunto qué piensa ella de mí...

---

6. El *Oxford Dictionaries* la define como "El elemento de una persona que la permite ser consciente del mundo y de sus experiencias, pensar y sentir; la facultad

¿QUÉ OPCIONES HAY?

Una creencia popular moderna, que es la opinión que estamos analizando en este libro, dice que la mente *es* el cerebro. La mente y el cerebro son idénticos. Los pensamientos, los recuerdos y las emociones *son* la activación de las neuronas. Ni más, ni menos. A veces a este paradigma se le llama "fisicalismo reduccionista". La mente es reducible (de aquí el "reduccionista") al funcionamiento físico del cerebro (por eso "fisicalismo"). En otras palabras, en realidad no existe la mente, tan solo la actividad cerebral.

Las voces que defienden esta postura son potentes, pero no son ni mucho menos las únicas del coro. Hoy en día circulan varias descripciones alternativas de la relación entre la mente y el cerebro que, según las personas reflexivas, son viables y convincentes. Estas posturas defienden un concepto distinto de la mente que puede interactuar con el cerebro, pero que sin duda alguna no está a merced de él. En este libro quiero demostrar que "tú eres tu cerebro" dista mucho de ser la única opción disponible.

Una suposición alternativa dice que el cerebro *genera* la mente. Cuando los componentes del cerebro se combinan y alcanzan un grado determinado de complejidad, dan pie a que surja algo nuevo y distinguible: la mente. A esta postura se la llama fisicalismo no reduccionista (FNR). La mente nace del cerebro *físico* (de aquí "fisicalismo"). Pero, una vez formada, esta nueva entidad no se puede reducir de vuelta a sus componentes originarios (por eso el "no reduccionista"). Pero si esos componentes se disgregan, la nueva entidad desaparece.

---

de la consciencia y del pensamiento". oxforddictionaries.com. (consultada el 21 de enero de 2019).

Podríamos resumir esta concepción como: "El todo es mayor que la suma de sus partes"*.[7] Según este punto de vista, la mente es más que el cerebro, pero está indisolublemente unida a él. Una pregunta evidente que plantea esta postura es la siguiente: *Cuando el cerebro muere, ¿qué le sucede a la mente?*

Una segunda alternativa propone que la mente *trasciende* el cerebro. La mente y el cerebro son dos sustancias diferentes que interactúan pero que también pueden funcionar con independencia una de otra. Esta visión se conoce como "dualismo sustancial" porque son dos las sustancias que participan en esta relación entre mente y cerebro: un cerebro físico y una mente no física.

Una pregunta que suscita este paradigma es: *¿Cómo interactúa exactamente una mente no física con un cerebro físico?*, sobre todo porque la neurociencia manifiesta una poderosa conexión entre ambos elementos.

En los capítulos 3 y 4 examinaremos y criticaremos estas descripciones de la relación mente-cerebro y otras más, usando la lente de la consciencia. Sin embargo, el método científico por sí solo no será suficiente para ayudarnos en nuestra investigación; tenemos que observar las distintas creencias que los individuos aportan a su ciencia y, de hecho, a la totalidad de la vida. Todas las personas tienen creencias, incluyendo los científicos, pero es necesario que comprendamos la naturaleza de esas creencias si queremos

---

* Algunos filósofos definen el FNR de otra manera, como lo hace William Jaworski en su *Philosophy of Mind: A Comprehensive Introduction* ("La filosofía de la mente: una introducción general", Wiley-Blackwell, 2011). Los distintos ámbitos científicos no puede reducirse unos a otros; por ejemplo, la biología no es reducible a la química. Sin embargo, según este paradigma, los bloques de construcción de la consciencia serán siempre materia inconsciente.

7. J. Heil, *Philosophy of Mind: A Contemporary Introduction* (Routledge, 2013), pp. 183-184.

EL PROBLEMA MENTE-CEREBRO: TRES OPCIONES

LA MENTE *ES* EL CEREBRO
Fisicalismo reduccionista

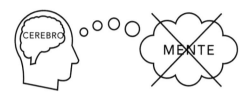

EL CEREBRO *GENERA* LA MENTE
Fisicalismo no reduccionista

LA MENTE *TRASCIENDE* EL CEREBRO
Dualismo sustancial

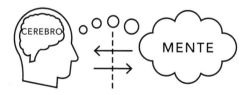

entender cómo sintetizar una visión del mundo que tenga integridad.[8] Una manera de someter a prueba una creencia es formular las tres preguntas siguientes.[9]

1. ¿Tiene coherencia interna?

"Eres solo un cerebro", ¿tiene sentido conforme a sus propios marcos de referencia? ¿Es una postura blindada o tiene incoherencias internas? Aristóteles[10] (c. 384-322 a. C.) estableció la idea de que las creencias que solo tienen en cuenta los elementos físicos socavan el método científico. El objetivo de un científico es encontrar sentido al mundo físico, pero si nosotros tenemos la misma composición que el mundo que estudiamos, ¿cómo es posible emitir cualquier tipo de afirmación objetiva? "Eres solo un cerebro", ¿tiene coherencia interna? En absoluto. Socava la propia disciplina que adoptan y aplauden sus abogados: la propia ciencia. En los capítulos siguientes también veremos que este paradigma incluso pone en duda la integridad de la mente humana.

2. ¿Tiene capacidad explicativa?

"Eres solo un cerebro", ¿explica el mundo que nos rodea? ¿Le encuentra sentido al entorno en que vivimos? Si algo es cierto, debería ayudarnos a entender el mundo, en lugar de abocarnos a una confusión mayor. ¿La idea de que una persona es su cerebro nos ayuda, o nos confunde? Cuando me pregunto qué hace de mí lo que soy, las neuronas por sí solas parecen insuficientes para explicarlo.

---

8. Para un anáisis más completo, ver John C. Lennox, ¿Puede la ciencia explicarlo todo? (Editorial CLIE, 2021).
9. Ravi Zacharias, *The Real Face of Atheism* (Baker Books, 1990), pp. 173-178. Nick Pollard, *Evangelism Made Slightly Less Difficult* (IVP, 1997), pp. 47-70 (también disponible en bethinking.org/apologetics/deconstructing-a-worldview).
10. Stewart Goetz y Charles Taliaferro, *A Brief History of the Soul* (Wiley-Blackwell, 2011), p 26.

Una parte importante de quién soy se desprende de una vida interior invisible que está compuesta de pensamientos, recuerdos, emociones y decisiones, y ninguna de esas cosas queda plasmada en el voltaje celular, los neurotransmisores y las alteraciones en el flujo sanguíneo. Instintivamente, "Eres solo un cerebro" no logra explicar el "yo" interior.

3. ¿Se puede vivir?

Francis Schaeffer (1912-1984) fundó L'Abri en 1955; se trata de una comunidad cristiana localizada en los Alpes suizos, un refugio seguro para quienes formulan preguntas espirituales. Una de las convicciones de Schaeffer era que el grado en que una creencia puede ponerse en práctica de forma genuina, el punto hasta el que podía alinearse con nuestra experiencia de la vida, es un indicador de su veracidad.

¿Y cuál es nuestra experiencia? Vivimos como si fuéramos *nosotros* los que pensamos, no nuestro cerebro. Las neuronas no piensan; las *personas* piensan. En todo momento vivimos como si existiera una perspectiva del mundo en primera persona.

La concienciación, la autoayuda, la consejería, las autobiografías, los escándalos de la pedofilia, o en realidad cualquier otra cosa que exija introspección dan por hecho que la perspectiva de la primera persona es real. Vivimos como si en nosotros hubiese mucho más que simplemente un cerebro.

Si la respuesta a "¿Soy solo un cerebro?" es "no", ¿qué más alberga mi ser? Normalmente, en el pasado a esa parte de mi ser que es esencialmente "yo" normalmente la llamábamos "alma". ¿Existe realmente el alma? Y, si es así, ¿nos ayuda a responder a preguntas fundamentales sobre la identidad humana? Por supuesto, hay quien cree que hoy día es posible explicar el alma gracias a la neurociencia; en otras palabras, que la creencia en el alma está obsoleta. ¿Es cierto esto? Esa es la pregunta que abordaremos a continuación...

2
¿Está desfasada la creencia en el alma?

Al médico estadounidense Dr. Duncan MacDougall (1886-1920) se le conoce como "el hombre que intentó pesar el alma humana".[11] A una serie de pacientes que padecían tuberculosis, cuyas vidas pendían de un hilo, los pesaron en una balanza pocas horas antes de morir y en el mismo instante de su deceso. Justo cuando exhalaban su último aliento, allí estaba MacDougall preparado y atento. Más adelante escribió:

> *En el mismo instante en que cesaba la vida, la aguja de la báscula se movía de una manera tan repentina que resultaba asombroso, como si súbitamente le hubieran quitado algo al cuerpo. Se hicieron de inmediato las deducciones habituales sobre la pérdida física de peso, y se descubrió que aun así había una diferencia de unos 21 g. que nadie podía explicar.[12]*

---

11. "Weighing Human Souls—The 21 Grams Theory", www.historicmysteries.com/the-21-gram-soul-theory (consultada el 8 de enero de 2019).
12. De la fuente anterior.

MacDougall llegó a la conclusión de que sus pacientes pesaban en torno a 21 g. menos, o una onza menos, después de la muerte, y que ese debía ser el peso del alma. Tiempo más tarde estos resultados se descartaron,[13] aunque el concepto sigue vivo gracias a la novela de Dan Brown *El símbolo perdido* (2009) y a la película *21 gramos* (2003).[14]

El alma aparece regularmente, en las conversaciones de cada día. Comemos *soul food**, tenemos "almas gemelas", describimos los restaurantes y los conciertos que no tienen un buen ambiente como "carentes de alma". En los momentos cruciales de nuestra vida dedicamos un tiempo a "escudriñar nuestra alma". Dentro del mundo musical, Aretha Franklin será para siempre la Reina del Soul[†]. En cierto nivel, las referencias al alma forman parte de la vida cotidiana. El alma también ha tenido su importancia histórica. Durante siglos, la creencia en la existencia del alma (la esencia de una persona) ha tenido un papel crucial en el progreso de la ética y en los debates sobre la dignidad y los derechos humanos. Muchas leyes que ahora consideramos incuestionables, como las que fomentan la igualdad y prohíben la esclavitud y el maltrato de los prisioneros, nacieron de la convicción de que todas las personas tienen alma.

Sin embargo, algunos científicos y filósofos creen que el alma es un concepto que ya ha pasado de moda. En palabras del filósofo Daniel Dennett, el alma "ha perdido su credibilidad debido a los progresos de las ciencias físicas".[15] Según

---

13. "A Soul's Weight", artículo archivado del *New York Times*, 11 de marzo de 1907, de www.lostmag.com/issue1/soulsweight.php (consultada el 8 de enero de 2019).

14. Ian Sample, "Is there lightness after death?" *The Guardian*, 19 de febrero de 2004.

* Esta expresión, que traducida literalmente es "comida del alma", hace referencia a la actual cocina afroamericana, basada en el recetario de los antiguos esclavos negros del sur de Estados Unidos (N. del T.).

† "Alma" en inglés, es también el nombre del género musical en el que destacó esta artista (N. del T.).

15. D. C. Dennett, *Freedom Evolves* (Viking, 2003), p. 1.

este punto de vista, históricamente el alma llenaba el vacío de conocimiento que hoy día han rellenado las ciencias. El alma, si existe, pertenece al ámbito físico. Tal como se refleja en los experimentos del doctor MacDougall, tiene masa y se puede pesar. Un psicólogo de Harvard, Steven Pinker, lo expresa de una manera aún más explícita; sugiere que, de hecho, el alma es el cerebro:

> *Hoy sabemos que el alma supuestamente inmaterial se puede partir en dos con un bisturí, alterarse con medicación, activarse o desactivarse usando la electricidad, y extinguirse a causa de un impacto fuerte o por la insuficiencia de oxígeno.*[16]

Por lo tanto, vemos que se han aprovechado los mismos argumentos contra la mente para aplicarlos al alma: que la neurociencia no solo explica la mente y el cerebro, sino que los explican *por completo*. Vuelve a salir a la superficie el paradigma "Eres un cerebro". ¿Qué debemos hacer con esta conclusión? Antes de dar una respuesta, tenemos que preguntarnos qué *es* exactamente el alma.

EL ALMA EN LA ANTIGÜEDAD

El ser humano ha creído en la existencia del alma durante miles de años, y a menudo se piensa que la historia del alma comienza en la Grecia antigua. El filósofo Platón (c. 428-347 a. C.), que se vio tremendamente influenciado por su mentor Sócrates (c. 470-399 a. C.), es bien conocido por sus teorías. El término griego para el alma es *psique*, derivado del verbo *psiquein*, que significa "respirar", pero que se entendía como "la vida esencial de un ser".[17] De acuerdo con Platón, el alma es la fuente última de la vida de todos

---

16. Stephen Pinker, *How the Mind Works* (Penguin Books, 1999), p. 64.
17. S. Goetz y C. Taliaferro, *A Brief History of the Soul* (Wiley-Blackwell, 2011), p 7.

los seres vivos. En el caso de los humanos, el alma es *la persona esencial*. Platón sostenía que el alma ocupa el cuerpo y le da vida, pero no necesita al cuerpo y puede existir sin él. Cuando el cuerpo muere, el alma sigue viviendo. Como mucho, el cuerpo es el portador o contenedor del alma, pero en el peor sentido constituye una cárcel, y tiene efectos nocivos sobre el alma.

Otros filósofos griegos, como Pitágoras (c. 570-495 a. C.), que fue quien dio su nombre al teorema matemático que todos tuvimos que aprender en el colegio, adoptó una concepción distinta del alma. Pitágoras creía en la reencarnación, la creencia en que el alma no está atada necesariamente a un cuerpo en concreto, y que puede ir pasando por diversos cuerpos. La creencia en la reencarnación es esencial para el pensamiento oriental, y en nuestros tiempos la profesan miles de millones de hindúes, budistas y sijs de todo el mundo.

La película de animación de 2016 titulada *Kubo y las dos cuerdas mágicas* ilustra esta idea central. Cuando la madre de Kubo fallece repentinamente, su hijo de doce años une sus fuerzas a las de Simio y Escarabajo para hacer un viaje que resuelva el misterio de su familia. Más tarde descubrirá (alerta de *spoiler*) que el alma de su madre se ha transferido a Simio. En realidad, el primate parlante que le acompaña ha sido su madre en todo momento. Un alma puede ocupar distintos cuerpos en distintos momentos.

Aristóteles tuvo de profesor a Platón, y estuvo de acuerdo en que el alma existe y otorga vida al cuerpo, pero llegó a conclusiones diferentes sobre cómo esta interactúa con él. Para Aristóteles, el cuerpo y el alma están integrados y, juntos, componen a la persona. Un alma concreta ocupa un cuerpo concreto. El cuerpo es algo más que el mero vehículo del alma, y tanto el cuerpo como el alma se necesitan mutuamente para poder existir. Según Aristóteles, una persona es la amalgama de cuerpo y alma, o de "materia" y "forma". De la misma manera que ese objeto de cuatro patas que tienes en la cocina está hecho de madera y además tiene la forma de una mesa, una persona está hecha de materia y tiene la forma de un alma. Esta postura se conoce con el nombre de hilomorfismo, que viene de los vocablos griegos *hylē*, que significa "materia", y *morphē*, que significa "forma".

EL ALMA EN LA ERA MODERNA

Hoy día encontramos ideas muy diferentes sobre el alma. Si introduces en Google "mente, cuerpo, alma", te verás inmerso en un mundo de balnearios, clases de yoga, batidos proteínicos, batidos detox y todas las cosas que tengan relación con el bienestar general. Quizá estemos de acuerdo en que pasar un día relajado envueltos en algas y pasando por una sucesión de baños termales hace algo más que exfoliar y tonificar nuestro cuerpo. El subtexto de todos estos productos, experiencias y mensajes es que alcanzamos el bienestar, en su nivel más profundo, cuando atendemos a esa entidad llamada "alma".

La fe cristiana también tiene mucho que decir sobre el alma. El alma es aquello que nos hace lo que somos, más que materia, más que primates, más que simplemente nuestro cerebro. El alma es el núcleo impenetrable de una persona, dado por Dios. Podemos alimentar el alma o matarla de hambre. En la Biblia, la palabra "alma" se usa en diversos sentidos. En ocasiones designa a toda la persona integral; por ejemplo, cuando el salmista dice: "Bendice, alma mía, a Jehová" (Sal. 104:1). En otros pasajes, "alma" hace referencia a una parte de la persona, distinta del cuerpo y del espíritu, como vemos en las palabras finales de una epístola del apóstol Pablo:

Y todo vuestro ser, espíritu, alma y cuerpo, sea
guardado irreprensible para la venida de nuestro Señor
Jesucristo.

(1 Ts. 5:23).

Jesús enseña a sus discípulos acerca del alma en un momento en que ellos se plantean el peligro al que estarán expuestos más adelante por ser sus seguidores. Les dice que aunque otros maten sus cuerpos, en esta vida sus almas son intocables, pero dependen de Dios para su existencia continuada en la vida venidera. Jesús dice:

Y no temáis a los que matan el cuerpo, mas el alma no
pueden matar; temed más bien a aquel que puede des-
truir el alma y el cuerpo en el infierno.

(Mt. 10:28).

En las Escrituras cristianas, el alma es un fenómeno complejo, y no se puede encajonar en una sola idea. Por lo tanto, no es de extrañar que dentro de la tradición cristiana existan distintas concepciones del alma, de las que hablaremos más en capítulos posteriores. Pero, independientemente de cuál sea la idea precisa de cada cristiano, todos estamos de acuerdo en que los seres humanos somos más que simplemente entes físicos.

Las expresiones que usa Platón sobre "el alma inmaterial y eterna" las introdujo en el cristianismo el teólogo del siglo IV Agustín de Hipona (354-430 d. C.), y a partir de ese momento a los humanos se los consideró almas inmateriales que flotaban temporalmente dentro de cuerpos materiales de los que al final acababan partiendo para estar con Dios. Esta creencia fue la concepción cristiana predominante durante los mil años siguientes, y hoy sigue teniendo una gran aceptación, pero debe más a la filosofía griega que a la enseñanza de Jesús o del resto de la Biblia.

El filósofo francés René Descartes (1596-1650) introdujo las ideas de Agustín en la filosofía moderna, desplazando la conversación del "alma" a la "mente". Descartes analizó la pregunta de cuáles eran las cosas de las que podía estar seguro en la vida, y llegó a la siguiente conclusión: podía estar seguro de su propia mente. Por encima de todo, podía estar seguro de su propia vida interior de pensamientos, dudas y preguntas. La expresión "dudo, luego existo" se convirtió en...

Cogito ergo sum: pienso, luego existo.

Para Descartes, la mente era primaria, y el cuerpo, secundario. Entonces, ¿cómo interactúan ambos? Él llegó a la conclusión de que interactúan mediante la glándula pineal, una estructura situada en lo profundo del cerebro. La separación que hizo Descartes entre cuerpo y mente pasó a conocerse como dualismo cartesiano, parodiado a menudo con la expresión "el fantasma en la máquina".

NADA NUEVO DEBAJO DEL SOL

Podría parecer que la creencia en un alma totalmente física, reducible a la física y la química (el paradigma que conocemos como "fisicalismo reduccionista") es nueva y exclusiva de la era neurocientífica en la que nos encontramos. Sin embargo, esta creencia ha existido desde la antigüedad. Platón, Sócrates y Aristóteles defendieron sus posturas frente a las concepciones fisicalistas que propugnaban sus contemporáneos.

El filósofo Demócrito (c. 460-370 a. C.) fue el primero que propuso el concepto de un universo compuesto de átomos. Describió el alma como "una especie de fuego compuesto de átomos", una visión que más adelante respaldarían Epicuro (341-270 a. C.) y Lucrecio (siglo I a. C.). Platón y Aristóteles estaban habituados a debatir ideas sobre el alma y a responder a las afirmaciones de Demócrito. Es decir, que el concepto de un alma material dista mucho de ser nuevo.

¿SOMOS FANTASMAS O MÁQUINAS?

Muchos de los debates en torno al tema de Dios y la ciencia dan la impresión de que tenemos que elegir entre dos posturas incompatibles, situadas en polos opuestos. Por lo que respecta al alma, puede parecer que, o bien somos espectros desencarnados o máquinas autómatas, sin que haya alternativas entre ambos polos. El alma es, o bien una entidad inmaterial y nebulosa que tiene escasa relación con el cuerpo, o bien ha sido desplazada por la neurociencia y la psicología y es, en realidad, el cerebro. Aun así, ninguna de estas descripciones parece captar las conclusiones de las grandes mentes que han reflexionado a fondo sobre este tema durante milenios, ni parece tener en cuenta nuestra experiencia de nosotros mismos como personas vivas y pensantes. Ambas opciones nos subestiman. Uno de los propósitos de este libro es demostrar que la disyuntiva entre "fantasmas" o "máquinas" es falsa. Existen más opciones: son concepciones que ocupan el terreno intermedio y que ofrecen una mejor explicación de las personas, la ciencia y la vida cotidiana. Son posturas que respaldan tanto personas teístas como las que no lo son.

Hoy día algunos teólogos y filósofos siguen pensando que el alma es el núcleo inmaterial de una persona que abarca todo lo demás: la mente, la voluntad y el cuerpo. Algunos tienden a la postura de Agustín, pero otros se sienten atraídos por las concepciones más holísticas del teólogo medieval Tomás de Aquino (1225-1274).[18] Aquino estaba influen-

---

18. J. P. Moreland y S. B. Rae, *Body and Soul: Human Nature and the Crisis in Ethics* (InterVarsity Press, 2000); Keith Ward, *In Defence of the Soul* (Oneworld, 1998); Richard Swinburne, *The Evolution of the Soul* (Clarendon Press, 2007); D. Willard,

SOY SOLO UN CEREBRO?

ciado por Aristóteles, y adoptó una postura más integral sobre el alma y el cuerpo. Según Aquino, el alma "induce" al cuerpo a actuar, pero también necesita de él para su funcionamiento. El alma puede sobrevivir sin el cuerpo, pero está incompleta. La teóloga Eleanor Stump la compara con "la estructura de una casa antes de que esté construida del todo".[19] La estructura puede aguantarse sola, pero aún no está preparada para cumplir su propósito. El paradigma de Aquino se conoce como "dualismo tomista" o "dualismo hilomórfico".

Otros teólogos piensan que el alma debería describirse en términos materiales, pero como algo que surge para ser más grande que la suma de sus partes.[20] Según este paradigma, el alma no es una parte separada de la persona, aislada del cuerpo, sino una propiedad que ha surgido junto a nuestra capacidad humana de relacionarnos con otras personas y con Dios. Esta visión difiere de la de Dennett y Pinker porque aquí el alma depende de los altos grados de complejidad cerebral presente en los humanos, pero no se reduce a ellos.

Por lo tanto, un primer vistazo a la filosofía nos indica que los sustantivos "fantasmas" y "máquinas" no son ni mucho menos las únicas maneras de describir el alma. Existen numerosas alternativas que explican e integran mejor los dos extremos.

"On the Texture and Substance of the Human Soul", Biola University, 22 de noviembre de 1994.

19. Eleanor Stump, "Non-Cartesian Substance Dualism and Materialism without Reductionism", en *Faith and Philosophy*, 12:505-531, de S. Goetz y C. Taliaferro, *A Brief History of the Soul* (Wiley-Blackwell, 2011), p 55.

20. Nancy Murphy, *Whatever Happened to the Soul* (Fortress Press, 1998), p. 27; Malcolm Jeeves y Warren Brown. *Neuroscience, Psychology and Religion* (Templeton Foundation Press, 2009); Malcolm Jeeves, *The Emergence of Personhood* (Eerdmans, 2015); Joel Green y Stuart Palmer, *In Search of the Soul* (IVP Academic, 2005); y W. S. Brown, Nancy Murphy y H. N. Malony, *Whatever Happened to the Soul? Scientific and Theological Portraits of Human Nature* (International Society for Science and Religion, 2007).

¿QUIÉN LO DIJO PRIMERO?

Muchos dan por hecho que Platón fue el primero en mencionar el alma. Sin embargo, el debate sobre el alma se remonta incluso más atrás de la antigua Grecia. Antiguos textos hebreos como el Antiguo Testamento, que se remontan hasta el año 2000 a. C., usan el término *nephesh* más de 750 veces. *Nephesh* tiene diversos significados, pero en relación con las personas se refiere al núcleo esencial de la persona, tanto físico como inmaterial. En algunos casos, esto supone, en un sentido muy literal, la entidad vital que da la vida a alguien y se la conserva; o bien aquello que apuntala las emociones, la voluntad y los deseos, expresado en el mandamiento de:

> *Y amarás a Jehová tu Dios de todo tu corazón, y de toda tu alma [nephesh], y con todas tus fuerzas*
> (Deuteronomio 6:5).

Este versículo se cita también en el Nuevo Testamento, en el que *nephesh* se traduce al vocablo griego *psique*. La lengua española se limita al uso de una sola palabra, *alma*; sin embargo, en griego existen diversos términos. Si se hubiera buscado un significado estrictamente biológico, entonces en la Biblia se habría usado un término distinto, *bios*, en lugar de *psique*. El uso de *psique* sugiere que la Biblia está hablando de algo que, quizá, incluye lo físico o biológico pero que también lo trasciende.

SEÑALES CONFUSAS

La idea de que el alma no existe procede en gran medida de expertos dentro de los campos de la neurociencia y de la filosofía que creen que vivimos en un mundo estrictamente material.

Pero si pensamos, por ejemplo, en la conversación que gira en torno a la sexualidad humana, vemos que las referencias al alma son muy diferentes. Caitlyn Jenner, que anteriormente fue el atleta estadounidense Bruce Jenner, escribió un dato autobiográfico en su reciente libro *The Secrets of My Life* ("Los secretos de mi vida"):

> *La yuxtaposición de Bruce y Caitlyn me sobrecoge incluso a mí. ¿Cómo pudo uno convertirse en el otro y el otro en el uno? Sé que Caitlyn era mi identidad de género cuando nací, que aguardaba el momento idóneo para imponerse a Bruce. Imagina lo que es negar tu esencia y tu alma. Luego añade las expectativas casi imposibles que tienen las personas de ti porque eres la personificación del Atleta Varón Estadounidense.*[21]

Para Jenner, y para muchos otros, el alma es la esencia de la persona, y es el lugar donde radica la verdadera identidad, independientemente de lo que le pase al cuerpo. El camino que lleva a la realización personal pasa por alinear el cuerpo con el alma.

No tengo el propósito de profundizar en el discurso sobre la identidad de género, excepto para decir que como sociedad nos están llegando mensajes profundamente contradictorios de distintos lugares. Uno dice: "No eres más que tu cuerpo y tu cerebro"; otro dice: "Eres muchísimo más que tu cuerpo y tu cerebro". Aquí detectamos algo tremendamente desconcertante. Algunos científicos seculares dicen que la esencia de una persona es física. Muchos defensores de la transgeneridad hacen afirmaciones que parecen sugerir que la esencia de una persona no es física; hay un alma que no se puede negar. Está claro que ambas cosas no pueden ser ciertas, de modo que, ¿cuál es verdad?

Para ayudarnos a seguir avanzando, nos resultará útil examinar algunas de las distintas descripciones de la relación

---

21. C. Jenner y B. Bissinger, *The Secrets of My Life* (Trapeze, 2017).

entre el cuerpo y la mente. Esto lo haremos en el capítulo 3, observando el tema a través de otra lente; pensaremos más a fondo en el problema cuerpo/mente haciéndonos esta pregunta: "¿Somos solo máquinas?".

3
¿Somos solo máquinas?

Dos de las películas más conocidas de Arnold Schwarzenegger son *Terminator* y *Terminator 2*, que presentan a unos robots conscientes que al final superan a la humanidad y la masacran. Se había profetizado el 1 de abril de 2011 como el Día del Juicio, el día cuando los robots se alzarían y provocarían la extinción de la raza humana.

La fecha llegó y pasó, junto con muchas otras supuestas fechas apocalípticas y aun así la pregunta de si las máquinas pueden poseer un grado de inteligencia humano es más relevante que nunca. Es posible que la tecnología no haya alcanzado el grado que predijo el director James Cameron, pero las máquinas cada vez desempeñan más roles que antes solían estar en manos de personas y, en muchos casos, ahora van mucho más allá de la capacidad humana.

La idea de la inteligencia artificial (IA) apareció a finales de la década de 1940. A menudo se considera que Alan Turing fue el padre de la IA moderna, porque desarrolló sus ideas mientras descifraba el código Enigma durante la Segunda Guerra Mundial.

En 1997, el ordenador de IBM llamado Deep Blue venció al campeón del mundo de ajedrez de aquel momento, Gary Kasparov, en un torneo de seis partidas, un hecho que recibió la atención de los medios de comunicación de todo el mundo. Hoy día, los robots tienen incluso la capacidad de aprender. En 2017, el AlphaGo Zero de Google dominó el antiguo juego chino del Go sin que los humanos le ayudaran en nada más que en proporcionarle las reglas. Al cabo de tres días, AlphaGo había empezado a inventar reglas propias, y poco después derrotó al Gran Maestro surcoreano, Lee Sedol.[22] ¿El resultado? 100 a 0.

Algunos incluso han pensado que los androides pueden ser cónyuges aceptables. En 2017, un ingeniero de IA chino abandonó su búsqueda de una esposa humana y se casó con un robot que él mismo había inventado, con intención de "actualizarla" en los siguientes meses.[23] Las cuestiones sobre IA ya no pertenecen solo al ámbito de las películas de ciencia-ficción; forman parte de la vida moderna. Pero estos progresos tecnológicos nos plantean algunas preguntas. ¿Qué es la inteligencia humana? ¿Difiere de la inteligencia de los androides? Y si lo hace, ¿cuál es la diferencia entre ellas?

LOS TEST DE INTELIGENCIA

Cualquier persona que tenga un iPhone habrá tenido en algún momento una conversación con Siri, la "persona" que vive en nuestros teléfonos móviles. Mis hijos incluso han intentado trabar amistad con su "asistente electrónico".

—Siri, ¿cómo estás?
—*Estoy bien. Gracias por preguntar.*

22. www.theguardian.com/science/2017/oct/18/its-able-to-create-knowledge-itself-google-unveils-ai-learns-all-on-its-own.
23. B. Haas, "Chinese Man 'Marries' Robot he Built Himself", *The Guardian*, 4 de abril de 2017.

—Siri, ¿quién eres?
—*Soy Siri.*

—Siri, ¿cómo te sientes hoy?
—*¡Me alegro de estar viva!*

—Siri, ¿quién te creó?
—*Yo, Siri, fui diseñada por Apple en California.*

—Siri, ¿qué eres?
—*Soy Siri. Pero no me gusta hablar de mí.*

—Siri, ¿eres una persona?
—*Lo siento, Sharon, me han aconsejado que no hable de mi estatus existencial.*

—Siri, ¿por qué estamos aquí?
—*No lo sé. A lo mejor los expertos del "genius bar" te pueden responder a eso.*

—Siri, ¿por qué existimos?
—*Para tener conversaciones como esta.*

—Siri, ¿por qué existes?
—*Proceso, luego existo.*

En 1950, Alan Turing creó un método para medir el grado de inteligencia de un robot,[24] conocido como el test de Turing. Unos entrevistadores humanos formulan de forma anónima una serie de preguntas a un androide y a una persona. La labor del entrevistador consiste en examinar las respuestas y distinguir entre la persona y la máquina. Si el grado de complejidad de las respuestas que ha dado el androide es indistinguible del de las humanas, entonces ha pasado el test de Turing y se le considera inteligente.

---

24. www.turing.org.uk/scrapbook/test.html (consultada el 8 de enero de 2019).

Actualmente, hay algunos robots prácticamente indistinguibles de los seres humanos. Un androide fabricado por ingenieros rusos y ucranianos convenció a un tercio de los entrevistadores de la Royal Society de esos países de que era un niño ucraniano de 13 años[25] llamado Eugene Goostman. ¿Qué importancia tiene este tipo de resultados? ¿Significa que los seres humanos no son más que máquinas recubiertas de piel y que, por consiguiente y en última instancia, son totalmente intercambiables con entidades artificiales?

LAS HABITACIONES CHINAS

En pocas palabras: no necesariamente. El filósofo John Searle propuso un experimento intelectual conocido como "la habitación china", para sugerir que el test de Turing por sí solo no puede demostrar la inteligencia.[26] Imagina que la persona A está sentada en una habitación pasando mensajes en chino a través de una rendija a la persona B.

La persona B está totalmente aislada y no entiende el idioma chino. Sin embargo, dispone de una tabla de símbolos chinos

EL EXPERIMENTO INTELECTUAL DE LA HABITACIÓN CHINA,
DE JOHN SEARLE

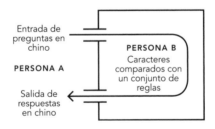

---

25. "Computer simulating 13-year-old boy becomes first to pass Turing test", *The Guardian*, 9 de junio de 2014.

26. J. Searle, "Minds, Brains and Programs", en *Behavioral and Brain Sciences*, 1980, 3: pp. 417-57.

con la cual puede decodificar cada mensaje y redactar una respuesta. A la persona A le parece que la persona B habla chino, pero no es así. La capacidad de procesar los caracteres chinos no es lo mismo que hablar el idioma. De igual manera, la capacidad de procesamiento de la información que tiene un androide no significa necesariamente que sea consciente de un modo significativo y comparable a la consciencia humana. Una cosa es que Siri, Alexa o "Eugene" emitan palabras que tienen sentido para nosotros pero que están inducidas por complejos algoritmos matemáticos. Algo muy distinto es que ellos sean conscientes de sí mismos y entiendan lo que están diciendo.

Quizá la pregunta más pertinente sea esta: ¿tienen los androides *el potencial* de volverse conscientes? A medida que los robots se vuelven cada vez más "inteligentes", ¿tendrán al final una mente propia y se volverán indistinguibles de los humanos? La respuesta a esta pregunta se centra en otro interrogante que ha ocupado un lugar privilegiado en los últimos años. ¿Cuál es la naturaleza de la consciencia humana? ¿Somos solamente ordenadores complejos, o somos algo más?

¿SIGUES CONSCIENTE?

Es lunes por la mañana. Estoy en una cafetería de mi barrio, haciendo cola para que me sirvan un café con leche con doble de espuma. Tengo a varias personas delante y detrás. De fondo suena música, pero apenas alcanzo a oírla por encima del murmullo de las conversaciones. Un niño tiene una rabieta en un rincón. Pero todo va bien: el aroma del café acaricia mis fosas nasales. La visita del lunes por la mañana a la cafetería es más que un simple acto de adquisición: es una experiencia de imágenes, sonidos, aromas y sensaciones, todo en uno. Es un ejemplo de consciencia.

¿Qué es exactamente la consciencia humana? Es un concepto difícil de definir. La consciencia es todo lo que aparece en tu radar, los elementos tanto internos como externos. La consciencia es el motivo detrás de la perspectiva en primera persona y de la narrativa interior en tu cabeza. La consciencia es el motivo de que integres en una sola experiencia todo lo que vives en una cafetería: el aroma, los berreos, la música. La descarga sin control de información en las personas o sobre el papel al final de un día estresante es un "flujo de consciencia". Sin embargo, por medio de la consciencia, percibes que hoy eres la misma persona que fuiste ayer y que serás mañana. El "Pienso, luego existo" de Descartes es una expresión de consciencia.

Tal como lo expresa el profesor Thomas Nagel, ser consciente es que haya algo "que sea como ser tú", de tal forma que incluso alguien que te conoce a fondo no puede describir exactamente de la misma manera.[27] Cada persona tiene un mundo interior, una vida intelectual interna que es exclusiva de ella. Podrías preguntarte cómo se relaciona la consciencia con la mente. Los filósofos sostienen que la consciencia es una propiedad de la mente. La mente es la portadora de la consciencia.

Los filósofos utilizan el término *quale* para describir una cualidad o una propiedad tal como la percibe o la experimenta una persona. En términos sencillos, los *qualia* (el plural) hacen referencia a "cómo es ese algo". Volvamos de nuevo a la cafetería. No hay nada como el aroma de una rica mezcla de café guatemalteco. Incluso las personas a las que no les gusta el café admiten a menudo que les gusta el aroma. Pero si alguien te pidiera que *describieras* el aroma del café, ¿cómo responderías? Es una experiencia que ya no puede reducirse más. Si quieres saber cómo huele el café, ¡tienes que olerlo! La vida está llena de *qualia*, como, por ejemplo, ver

---

27. Thomas Nagel, "What Is It Like to Be a Bat?", en *The Philosophical Review*, 1974, 83(4):440.

el color azul, escuchar una nota musical o probar la sandía. Los *qualia* son esenciales para la consciencia.

¿LA CONSCIENCIA ES EL CEREBRO?

Si preguntamos a los filósofos "¿Cuál es la naturaleza de la consciencia?", recibiremos una batería de respuestas muy dispares. No existe una teoría consensuada. Sin embargo, hay dos concepciones en particular que acaparan regularmente la atención de los fisicalistas reduccionistas (quienes sostienen el paradigma de que la mente es reductible a la física y la química). Una dice que la neurociencia puede acceder a la consciencia y explicarla por completo. Otra, que la consciencia es ilusoria. Ambos puntos de vista creen, en última instancia, que "consciencia" es sinónimo de "actividad cerebral". En otras palabras, la consciencia *es* el cerebro.

Examinemos el primer paradigma. ¿Es cierto que los métodos científicos pueden acceder a la consciencia y explicarla? La portada de un número de *New Scientist* de 2016[28] se titulaba "La cuestión metafísica: Cómo responde la ciencia las preguntas más profundas de la filosofía". Entre esas preguntas figuraban "¿Por qué existe todo?", "¿Puedo saber si Dios es real?", "¿Qué es el tiempo?" y "¿Qué es la consciencia?". Era un título ambicioso, que implicaba que los científicos tienen la capacidad de lanzarse sobre preguntas que han anonadado durante mucho tiempo a las mentes más preclaras de la filosofía, y luego responderlas. En realidad, los científicos se encuentran en un punto muerto por lo que respecta a acceder a la propia consciencia. Sí, usando la IRMf podemos ver y medir la actividad cerebral a medida que se producen diversos pensamientos, pero esto dista mucho de ver los pensamientos *reales* de una persona.

---

28. 3 de septiembre de 2016.

¿Cómo puede acceder un científico a la vida interior de un individuo? ¿Cómo pueden los métodos científicos acceder a los *qualia*?

Imagina que un amigo vuelve de un concierto y está rabiando por contarte la experiencia. En su narración saldrán la actuación de los teloneros, el ambiente, las luces, la multitud y sus canciones favoritas. Intrigado, te pones a leer las críticas. Esos textos describen algunos detalles, pero no *qué hubiera sido estar allí y experimentarlo por ti mismo*. Para entenderlo realmente, tendrías que haber estado allí.

Cuando los científicos estudian la consciencia, solo pueden abordarla como observadores, igual que cuando leemos una reseña. Pero la consciencia es experiencial. Podría ser que al final tu amigo que fue al concierto, después de pasarse veinte minutos hablando entusiasmado sobre él, y viendo que arqueabas las cejas, te dijera: "Supongo que uno tiene que estar allí". El método científico proporciona observaciones en tercera persona, mientras que la experiencia consciente se vive en primera persona. Podemos descubrir lo que pasa por el cerebro de una persona si medimos las sustancias químicas y su actividad eléctrica y registramos imágenes cerebrales, pero no podemos medir de la misma manera lo que tiene en la mente. Para averiguar qué tiene alguien en la mente es necesario que le pidamos que comparta con nosotros su mundo interior. Los científicos pueden ayudarnos a comprender ciertos aspectos y estados de consciencia, pero no pueden meterse en la cabeza de nadie y recrear su experiencia real. No pueden acceder *a la propia experiencia consciente*.

PROBLEMAS "FÁCILES" Y "DIFÍCILES"

David Chalmers, profesor de filosofía en la Universidad Nacional de Australia, hace una distinción entre los problemas "fáciles" y "difíciles" de la consciencia. Los problemas fáciles tienen que ver con explicar algunas de las correlaciones entre la experiencia consciente y la actividad cerebral. Por ejemplo, los científicos pueden examinar las áreas del cerebro implicadas cuando la consciencia pasa de un estado a otro, como por ejemplo de la vigilia al sueño. Los problemas "fáciles" no son en absoluto sencillos; muchos científicos dedican su vida a esta investigación. Sin embargo, comparados con el problema "difícil" son triviales.

El problema "difícil" conlleva explicar la experiencia consciente. ¿Qué relación hay entre el hecho de que se activen las células cerebrales y "describir lo que supone ser tú"? En 2012, la baronesa Susan Greenfield, profesora de fisiología en la Universidad de Oxford,[29] dio una conferencia en la Universidad de Melbourne sobre el tema "La neurociencia de la consciencia". Una conferencia con este título produce la sensación de que "vamos a revelarlo todo". La gente se presenta y presta atención mientras se pregunta si por fin se ha resuelto "el problema difícil". En términos generales fue una conferencia amena y brillante, pero ya desde buen principio la profesora Greenfield dejó claras sus intenciones:

Quizá conviene decir ya de buen principio que lo que no podremos hacer es averiguar cómo el agua se convierte en vino. Es decir, cómo el agua de las viejas y aburridas células cerebrales y de la materia fangosa se convierten en el vino de la experiencia subjetiva fenomenológica.[30]

La conferencia se limitaría a tratar los problemas "fáciles", porque, para no variar, el problema difícil sigue siendo

29. Royal Society Fellow, CBE.
30. S. Greenfield, "The Neuroscience of Consciousness", University of Melbourne, 27 de noviembre de 2012.

precisamente eso: *difícil*. Ni el propio Chalmers cree que la neurociencia acabe resolviendo el problema difícil.[31] Más adelante hablaremos más sobre sus intentos característicos de resolver el problema "difícil". Pero primero, vamos a permitirnos un experimento mental.

LA HABITACIÓN DE MARY

Mary es una científica que posee un conocimiento profundo de la física y la química de la visión humana. Sabe todo lo que hay que saber sobre la estructura del ojo: cómo la córnea, situada en la parte delantera, concentra la luz que entra y la proyecta en la retina, emplazada en la parte posterior. Mary sabe perfectamente que la retina está formada por bastoncillos y conos que procesan respectivamente la visión monocromática y en color. Sabe que este proceso genera una señal eléctrica que se envía al cerebro pasando por el nervio óptico y que se convierte en imágenes.

Pero ¿es suficiente este conocimiento para entender cómo es *ver*?

En este experimento mental, el problema es que Mary nació ciega, de modo que durante una gran parte de su vida comprendió hasta el último detalle el funcionamiento del ojo pero sin tener ella misma la capacidad de ver. Sin embargo, un día, propone el experimento mental, Mary obtiene milagrosamente la capacidad de ver.

Aquí viene la pregunta importante: en el momento en que recibe la vista, ¿aprende Mary algo nuevo sobre la visión? El autor de este experimento mental, Frank Jackson, concluye que si la respuesta es "sí", entonces los hechos físicos por sí solos no pueden explicar la experiencia en primera

---

31. D. J. Chalmers, *The Character of Consciousness* (Oxford University Press, 2010), p. xiv.

persona.[32] Ningún grado de conocimiento de los bastones, conos, córneas, transmisión de la luz, estimulación eléctrica del nervio óptico y generación de imágenes en el cerebro acercaría a Mary ni un centímetro a la experiencia de lo que es *ver* realmente.

Pensemos en la respuesta del cuerpo ante el dolor. Imagina que estás cortando una rebanada de pan y accidentalmente te cortas en un dedo. La ruptura de la piel envía un mensaje a los receptores dérmicos, llamados nociceptores, que envían un mensaje a tu cerebro diciendo que se ha producido un estímulo doloroso. Al mismo tiempo, *experimentas* la sensación de dolor. Los receptores en la piel son importantes, pero no son una explicación completa. Contribuyen a la experiencia, pero no son la experiencia en su totalidad. O, volviendo una vez más a la cafetería, el conocimiento de la estructura química de la cafeína o de su impacto sobre la fisiología cerebral no ayuda mucho para describir el aroma del café.

El agua de los procesos cerebrales no puede explicar por sí sola el "vino" de la mezcla de café guatemalteco.

IDÉNTICO SIGNIFICA INDISCERNIBLE

Basándonos en esta idea, podemos llegar a la conclusión de que la consciencia no puede ser sinónimo de la actividad cerebral. Es posible que ambas trabajen bien juntas, pero no son idénticas. Los filósofos se refieren a algo llamado "la identidad de los indiscernibles", que se origina con Gottfried W. Leibniz.[33] La idea esencial dice que si dos cosas son idénticas, no existirá una diferencia discernible entre ellas.

---

32. F. Jackson, "Epiphenomenal Qualia", *Philosophical Quarterly* 1982, 32:127-136; F. Jackson, "What Mary Didn't Know", *Journal of Philosophy*, 1986, 83:291-295.
33. G. W. Leibniz, *Philosophical Papers and Letters* (Reidel, 1969), p. 308, en J. P. Moreland y S. B. Rae, *Body and Soul: Human Nature and the Crisis in Ethics* (InterVarsity Press, 2000), pp. 56-59.

Hace algunos años, mi esposo y yo asistimos a la primera reunión de padres para saber cómo le estaba yendo a nuestra hija mayor en su primer curso de primaria. La maestra empezó haciendo unos comentarios breves sobre nuestra hija Abby. Era evidente que estábamos hablando de la misma persona. Los comentarios de la profesora sobre la personalidad esencial de Abby y sobre sus cualidades describían a nuestra hija, porque nuestra hija y la alumna Abby Dirckx son idénticas. Por supuesto, normalmente los padres conocen a sus hijos mejor que los profesores, y hay algunas conductas que se manifiestan en la escuela pero no en el hogar, y viceversa. Pero si la maestra hubiera comenzado a describir a una niña muy diferente de Abby, enseguida nos habríamos dado cuenta de que se habría equivocado de persona: su alumna y nuestra hija no serían idénticas.

Si la consciencia fuera sinónimo de la actividad cerebral, las dos deberían ser idénticas en todos los niveles. Todo lo que es cierto de la consciencia lo sería también del cerebro. De hecho, como hemos visto en las últimas páginas, ambas cosas no podrían ser más distintas. Por consiguiente, el enfoque fisicalista reduccionista aplicado a la consciencia debe ser *falso*. La consciencia *no puede* reducirse a procesos físicos en el cerebro.

CÓMO FUNCIONA LA MENTE

En 2000, Eric Kandel obtuvo el premio Nobel de Medicina por su descubrimiento de que el proceso de aprendizaje induce a las células cerebrales a conectarse y a crecer.[34] Durante cientos de años se había concebido el cerebro como una máquina estática que estaba sometida a un deterioro gradual.

---

34. www.nobelprize.org/prizes/medicine/2000/kandel/facts/ (consultada el 8 de enero de 2019).

El trabajo de Kandel supuso un momento clave para pensar en el cerebro como algo "plástico". Esto no tiene nada que ver con el film transparente ni con los recipientes herméticos, sino que más bien describe la capacidad que tiene el cerebro para cambiar y para establecer conexiones nuevas como respuesta a la mente y a la actividad de la persona.

Es un hecho probado que nuestra materia gris puede encogerse y cortar conexiones o bien crecer y crear otras nuevas. Cuando mejoramos al tocar un instrumento musical, se debe a que se han establecido nuevos vínculos. Cuando olvidamos un detalle o dejamos de jugar al golf tan bien como antes es que se han roto conexiones antiguas. El cerebro es muy receptivo a la mente. Los fisicalistas reduccionistas quieren que creamos que el cerebro "dirige" por completo la mente. Pero la plasticidad cerebral deja claro que no estamos simplemente a merced de neuronas que impulsan cada uno de nuestros pensamientos y de nuestros actos. Nuestros pensamientos también pueden impactar en nuestras neuronas y en sus sinapsis. La mente tiene la capacidad de producir cambios en el cerebro por medio de un proceso que se conoce como *causación descendente*.

Algunas ciudades cuentan con complejos sistemas de carreteras de un solo sentido. Sabemos la frustración que provoca perderse en una de ellas, sin tener la posibilidad de dar la vuelta y volver por donde hemos venido. Es mucho más fácil cuando la carretera tiene carriles que llevan en direcciones opuestas. Entonces, invertir el sentido de la marcha es mucho más sencillo. La causación descendente nos dice que el tráfico entre el cerebro y la mente no cuenta con un solo sentido; también existen "carriles" en la dirección opuesta, desde la mente al cerebro.

Pensemos en el efecto placebo, que para muchos científicos y médicos es el poder que tiene la mente para curar el cuerpo.[35] Si a un paciente se le administra un tratamiento inocuo (o placebo) que él o ella cree que funcionará, lo cierto es que su ingesta puede aportar cierta sanación al cuerpo. El placebo activa el cerebro para que libere endorfinas (los analgésicos naturales del cuerpo), que proporcionan alivio. El efecto placebo es un fenómeno aceptado. Ilustra el poder de la mente sobre el cuerpo y el cerebro, sugiriendo que el cerebro, sencillamente, no puede conducir solo. La química cerebral puede influir en el estado consciente, pero el estado consciente también puede alterar los procesos químicos de nuestro cerebro.

¿ESTÁ TODO EN TU CABEZA?

Los neurólogos, como por ejemplo Suzanne O'Sullivan, nos dicen que el poder de la mente sobre el cuerpo puede provocar también una enfermedad física. Su libro *Todo está en tu cabeza: historias reales de enfermedades imaginarias*, registra historias transcurridas en una clínica durante veinte años, en las que algunos pacientes presentaban unos síntomas alarmantes pero carentes de una causa física detectable. Muy a menudo, se ha demostrado que este tipo de dolencias tiene una causa emocional, en la que "los síntomas físicos… enmascaran la angustia emocional".[36] O'Sullivan escribe:

Los trastornos psicosomáticos son estados en los que una persona padece unos síntomas físicos significativos que le provocan una angustia real y le incapacitan, que son desproporcionados respecto a lo que pueden explicar las pruebas médicas o los exámenes físicos. Se trata de

---

35. Sin embargo, algunos, como Norman Doidge, dicen que esta es una propiedad natural del cerebro, no de la mente. Ver sus libros *The Brain's Way of Healing* (Allen Lane, 2015) y *The Brain That Heals Itself* (Penguin, 2008). Ver también D. Evans, *Placebo: The Belief Effect* (HarperCollins, 2003).

36. S. O'Sullivan, *It's All in Your Head: True Stories of Imaginary Illness* (Vintage, 2016), p. 8.

trastornos médicos que no tienen igual. No se someten a ninguna regla; pueden afectar a cualquier parte del cuerpo.[37]

En 1997, la Organización Mundial de la Salud llevó a cabo una investigación sobre las enfermedades psicosomáticas y descubrió que afectan a un 20% de los pacientes de todo el mundo, en países como Estados Unidos, Nigeria, Alemania, Chile, Japón, Italia, Brasil e India. En 2005, el coste anual de tratar las enfermedades psicosomáticas en Estados Unidos se calculó en 256.000 millones de dólares, en contraste con, por ejemplo, la diabetes, que cuesta 132.000 millones anuales.[38]

La afirmación "Eres un cerebro" es insuficiente para explicar este tipo de enfermedades… o para hacer algo al respecto. Somos algo más que un cerebro. La mente tiene una incidencia poderosa en el cuerpo.

OBJETORES DE CONSCIENCIA

Vamos a examinar ahora el segundo paradigma, el que dice que la consciencia no existe en absoluto. Algunos filósofos y neurocientíficos adoptan la visión de que no existen experiencias en primera persona. La psicóloga Susan Blackmore no niega del todo la consciencia, pero sostiene que no existe un flujo de consciencia permanente.[39] El profesor de filosofía de la Tufts University Daniel Dennett y otros,[40] llevan la idea un paso más lejos y sostienen que si la consciencia es totalmente física, la creencia de que es algo más es el resultado de "una

---

37. O'Sullivan, p. 6.
38. O'Sullivan, pp. 7-8.
39. www.susanblackmore.uk/articles/there-is-no-stream-of-consciousness (consultada el 8 de enero de 2019).
40. Michael Graziano de la Universidad de Princeton.

extraordinaria colección de trucos corrientes en el cerebro".[41] El libro de Dennett *Consciousness Explained* ("La explicación de la consciencia") extrae estas conclusiones, y durante su conferencia inaugural en la Academia de Ciencias de Hungría en 2002 lo expresó de la siguiente manera:

> *La consciencia es un fenómeno físico, biológico... que tiene un funcionamiento exquisitamente ingenioso pero no milagroso, y ni siquiera, a fin de cuentas, misterioso. Parte del problema para explicar la consciencia es que existen fuerzas poderosas que actúan para hacernos pensar que es más maravillosa de lo que lo es en realidad. En esto se parece a la prestidigitación, un conjunto de fenómenos que aprovechan nuestra credulidad, e incluso nuestro deseo de que nos engañen, nos embauquen, nos asombren.[42]*

¿QUÉ NO ES UN PROBLEMA "DIFÍCIL"?

Según Dennett, no existe el problema "difícil". Dennett resuelve el problema complejo negándolo. No hay una experiencia en primera persona. No hay "algo" que equivalga a ser *tú*. La consciencia no existe. Solo hay neuronas que se activan y química cerebral. Toda idea de que hay algo más es ilusoria. ¿Qué hemos de hacer con esta conclusión? ¿Es cierto que nuestros cerebros nos engañan para que creamos una realidad falsa? Si es así, ¿cómo sabemos que no ocurre lo mismo con todos los pensamientos que tenemos, incluso con la propia afirmación de que la consciencia es ilusoria?

---

41. bigthink.com/think-again-podcast/daniel-dennett-nil-thinking-about-thinking-about-thinking-nil-think-again-podcast-91; and youtube.com/watch?v=R-Nj_rEqkyQ.
42. Daniel Dennett, "Explaining the 'Magic' of Consciousness", *Journal of Cultural and Evolutionary Psychology*, 2003, 1(1):7-8.

Aparte de esto, la ilusión presupone la consciencia. Una ilusión se produce cuando una experiencia se malinterpreta o se percibe equivocadamente. Pero la propia experiencia sigue siendo válida y real. Cuando vemos actuar a un mago, su habilidad y la rapidez de sus manos provocan todo tipo de sorpresas para el público. Lo aparentemente imposible se hace posible; las cosas nos parecen reales cuando no lo son. Pero aun así *experimentamos* el espectáculo de magia, aunque entendamos mal lo que está sucediendo.

Tal como dijo el propio Dennett, sigue habiendo un "nosotros" susceptible de que "nos engañen, nos embauquen, nos asombren". La consciencia fundamenta incluso las ilusiones.

Dennett pretende eliminar la realidad en primera persona, pero no ha conseguido erradicar a la primera persona de su vocabulario. Si buscamos citas de Dennett en Google, no tenemos que ir muy lejos para encontrar esta frase:

> *Yo detesto que se usen malos argumentos para defender una posición que para mí es valiosa.*[43]

¿En qué sentido es un "yo", si no existe la perspectiva de la primera persona? Al final, el punto de vista de Dennett es simplemente absurdo, y hacer cualquier tipo de afirmación se vuelve imposible. Susan Blackmore admite que atribuirlo todo a una ilusión plantea más preguntas que las que responde:

> *Decir "solo es una ilusión" no te lleva a ninguna parte, lo único que consigues es que surjan muchas otras preguntas. ¿Por qué deberíamos ser todos víctimas de una ilusión en lugar de ver las cosas como son de verdad? Y, por cierto, ¿de qué tipo de ilusión se trata? ¿Por qué es*

---

43. www.goodreads.com/quotes/214805-there-s-nothing-i-like-less-than-bad-arguments-for-a (consultada el 8 de enero de 2019).

así y no de otra manera? ¿Es posible ver más allá de la ilusión? Y si lo es, ¿qué pasa luego?[44]

La propuesta de Dennett se desvirtúa a sí misma. Lo que es peor, desvirtúa el propio concepto de pensamiento racional. ¿Qué son esas "fuerzas poderosas que actúan para hacernos pensar [que la experiencia consciente] es más maravillosa de lo que realmente es?" ¿Cómo sabemos que no obran también para distorsionar la perspectiva de Dennett? Este asume que está fuera de los conceptos que pretende explicar, pero si lo que afirma es cierto, su argumento no es de fiar. Le sale el tiro por la culata. Por eso algunos han rebautizado el libro de Dennett: "Un intento de explicar la consciencia".[45]

Además, en un nivel muy práctico, no vivimos ni podemos vivir sin dar por hecho que existe "algo a lo que podemos llamar *nosotros*". El neurocientífico Christof Koch expone la situación con mucha franqueza:

Si tengo un absceso bucal... un argumento sofisticado para persuadirme de que mi dolor es ilusorio no reducirá ni un ápice el tormento.[46]

Vivimos pensando que nuestra experiencia única y personal de la vida es real y debe tomarse en serio. Escribimos autobiografías, y las leemos, y por lo general damos por hecho su veracidad. Respondemos a llamados de emergencia de ayuda humanitaria, asumiendo que entre miles de personas cada una tiene una experiencia única del sufrimiento. Incluso la sociedad "posverdad" en la que nos dicen que vivimos ahora "define la verdad" según la experiencia. No obstante,

44. www.susanblackmore.uk/articles/there-is-no-stream-of-consciousness/ (consultada el 8 de enero de 2019).

45. www.theguardian.com/science/2015/jan/21/-sp-why-cant-worlds-greatest-minds-solve-mystery-consciousness (consultada el 8 de enero de 2019).

46. Christoph Koch: Allen Institute for Brain Science, Seattle; www.scientificamerican.com/article/what-is-consciousness/ (consultada el 8 de enero de 2019).

si no existe una experiencia en primera persona, entonces incluso el concepto de la "posverdad" carece de sentido. Nos hemos enredado en cuestiones filosóficas. Si queremos negar la consciencia, no cabe más que tirar por la borda también muchas otras cosas. No se puede tener todo.

En resumen, hay motivos persuasivos para rechazar la visión de que la consciencia *es* el cerebro, partiendo de la filosofía, la neurociencia y la medicina. Pero, si no somos solo máquinas, la pregunta que surge de forma natural es: ¿somos *más* que máquinas? Y si es así, ¿qué supone eso? Este será el tema de nuestro siguiente capítulo.

4
¿Somos más que máquinas?

Miré a Amy a los ojos. En ellos solo percibí un gran vacío, ese mismo pozo profundo que he visto en incontables ocasiones en personas a las que, como Amy, consideraban "despiertas pero inconscientes". Amy no contribuía. Bostezó. Fue un bostezo con la boca bien abierta, seguido de un suspiro (casi un lamento) mientras su cabeza volvía a caer sobre la almohada.

Meses después de su accidente, resultaba difícil imaginar cómo debió ser Amy en otros tiempos: una jugadora de básquet inteligente, estudiante de universidad, con toda la vida por delante. Una madrugada, salió de un bar con un grupo de amigos. El novio con el que había roto unas horas antes la estaba esperando. Él le propinó un empujón y ella se golpeó la cabeza en la acera. Otra persona hubiera superado el golpe con unos pocos puntos o una pequeña conmoción, pero Amy no tuvo tanta suerte. El cerebro se golpeó con la parte interna del cráneo. Se soltó de sus amarras. Los axones se estiraron y los vasos sanguíneos se rompieron, mientras las ondas de choque laceraban y magullaban regiones críticas distantes del punto de impacto. Ahora Amy llevaba una sonda de alimentación que le habían insertado quirúrgicamente, que le proporcionaba los fluidos y los nutrientes necesarios. Un catéter le drenaba la orina. No tenía control alguno sobre sus intestinos, y llevaba pañal.

Dos médicos entraron en la habitación.

—¿Qué te parece? —dijo el más mayor de los dos, mirándome a los ojos.

—No lo sabré exactamente hasta que le hagamos el escáner —repuse.

—Bueno, no es que me guste apostar, ¡pero diría que está en estado vegetativo! —contestó. Estaba animado, casi jovial.

No le respondí.

Los dos médicos se dirigieron a los padres de Amy, Bill y Agnes, que habían estado sentados pacientemente mientras yo la examinaba. Eran una pareja atractiva, de cuarenta y tantos años, y era evidente que estaban agotados. Agnes agarró de la mano a Bill mientras los médicos les explicaban que Amy no entendía el lenguaje ni tenía recuerdos, pensamientos ni sentimientos, y que no sentía placer ni dolor. Recordaron amablemente a Bill y a Agnes que durante el resto de su vida iba a necesitar asistencia de veinticuatro horas al día. En ausencia de un documento de últimas voluntades que dijera lo contrario, ¿no deberían plantearse desconectar a Amy del soporte vital y permitir que muriese? A fin de cuentas, ¿no es eso lo que ella hubiera querido?

Los padres de Amy no estaban preparados para dar ese paso, y firmaron un consentimiento que me permitía hacerle un escáner IRMf buscando indicios de que aún quedara algún resto de la Amy a la que amaban...

Cinco días después volví a entrar en el cuarto de Amy, donde encontré a Bill y a Agnes sentados al lado de la cama. Me miraron expectantes. Hice una pausa, respiré hondo y les di la noticia que ellos no se habían atrevido a pensar que fuera posible:

—El escaneo cerebral ha demostrado que después de todo Amy no se encuentra en estado vegetativo. De hecho, es consciente de todo.

Después de cinco días de investigaciones intensivas habíamos descubierto que Amy no solamente estaba viva, sino que era totalmente consciente. Había escuchado todas las conversaciones, reconocido a todos los visitantes y escuchado intensamente todas las decisiones que se tomaron en su nombre. Sin embargo, no había podido mover un solo musculo para decir al mundo: "Sigo aquí. ¡Aún no estoy muerta!".

La consciencia humana y su relación con el cerebro no son asuntos sencillos. El profesor Adrian Owen[47] ha pasado más de veinte años estudiando a pacientes con lesiones cerebrales, y su libro *Into the Grey Zone* ("En la zona gris") cuenta la historia de varios de sus pacientes, incluyendo la de Amy, que acabamos de leer. Para Owen, como médico clínico, la pregunta que tenía una importancia crucial era esta: ¿Existe

---

47. Adrian Owen, *Into the Grey Zone* (Guardian Faber Publishing, 2017), pp. 1-3.

alguna posibilidad de que un paciente que parece estar en estado vegetativo esté consciente? Usando técnicas de imagenología cerebral, el equipo de Owen en la Universidad de Cambridge descubrió que la respuesta a esta pregunta es *sí*. Sus resultados innovadores se publicaron en la prestigiosa revista *Science* en 2006.[48]

Por supuesto, en 2006 el síndrome de enclaustramiento no era un concepto nuevo. Saltó a primera plana en la década de 1990, gracias a la película *La escafandra y la mariposa*, que contaba la historia de Jean-Dominique Bauby y del camino que él y sus seres queridos habían recorrido después de que padeciera una embolia masiva. Desde entonces los neurólogos han desarrollado técnicas para averiguar si un paciente está o no despierto, permitiéndole responder a preguntas usando, por ejemplo, mínimos movimientos oculares. El equipo de Owen llevó este progreso un paso más lejos, desarrollando técnicas con las que un paciente totalmente inmóvil puede responder usando su mente.

Los científicos descubrieron que un reducido número de pacientes, considerados vegetativos como resultado de una lesión cerebral grave, pudo seguir instrucciones y responder preguntas sobre ellos mismos usando ejercicios mentales. En otras palabras, a pesar de haber padecido una lesión cerebral significativa, estaban conscientes. ¿Qué debemos hacer con estos descubrimientos a la vista del paradigma "Eres un cerebro"? El estudio de Owen se puede entender como uno de los diversos "indicadores" dentro de la neurociencia que nos dice que la consciencia humana sobrepasa el estado de nuestros cerebros. ¿Es posible que seamos más que nuestros cerebros y más que simplemente máquinas físicas? El propio Owen parece pensar que sí, y resume de este modo su investigación:

---

48. A. M. Owen *et al.*, "Detecting Awareness in the Vegetative State", *Science* 313, 1402-1402 (2006).

Hemos descubierto que entre el 15 y el 20 por ciento de personas en estado vegetativo que se supone que no tienen más consciencia que una porción de brócoli son plenamente conscientes, aunque nunca responden a ningún tipo de estimulación externa. Es posible que abran los ojos, gruñan o giman, emitiendo de vez en cuando palabras aisladas. Como los zombis, parecen vivir totalmente dentro de su propio mundo, privados de pensamientos o de sentimientos. Muchos están tan abstraídos y son tan incapaces de pensar como creen sus médicos. Pero un número considerable experimenta algo bastante distinto: son mentes intactas atrapadas dentro de cuerpos y cerebros lesionados.[49]

En este capítulo hablaremos de tres intentos de explicar por qué los seres humanos son más que máquinas. Primero pensaremos en la idea de que el cerebro genera la consciencia; segundo, la creencia de que la consciencia reside en todos los seres vivos; y tercero, la posibilidad de que la consciencia esté más allá del cerebro.

¿ES EL CEREBRO EL QUE GENERA LA CONSCIENCIA?

Phineas Gage fue un trabajador ferroviario que vivió en Vermont en el siglo XIX. En aquella época, el método para despejar el trazado férreo de rocas consistía en taladrar un agujero, llenarlo de dinamita empujándola con una barra metálica, encender la mecha y salir corriendo. En 1848, cuando Gage tenía 25 años, la barra que utilizaba para empujar la dinamita produjo una chispa que hizo que el explosivo detonara antes de tiempo. La barra de un metro de longitud atravesó el cráneo y el cerebro de Gage y aterrizó

---

49. theguardian.com/news/2017/sep/05/how-science-found-a-way-to-help-coma-patients-communicate (consultada el 8 de enero de 2019).

a unos 30 metros de distancia; destruyó la mayor parte de su lóbulo frontal. Pensaron que Gage había muerto, pero al cabo de unos minutos recuperó la consciencia y vivió otros doce años. La historia cuenta que experimentó un tremendo cambio de personalidad. Aquel hombre que anteriormente había sido amable se desinhibió, empezó a usar palabras malsonantes y a tener una conducta inadecuada, hasta el punto de que perdió su empleo.

Hoy día la literatura médica está repleta de informes sobre cambios de personalidad producidos por una lesión cerebral, parecidos al famoso caso de Phineas Gage. Esto es algo que vemos sobre todo en personas que padecen enfermedades degenerativas como la enfermedad de Alzheimer y la demencia. Una característica clave de estas enfermedades es que la lesión en el cerebro tiene un profundo efecto sobre la mente. Cuando el cerebro pierde coherencia, la memoria, la capacidad de recuerdo y a menudo la personalidad del individuo siguen el mismo camino. Hay diversos síndromes cerebrales que también impactan en la mente y en la experiencia consciente de la persona: por ejemplo, el síndrome de Cotard, por el cual el paciente cree que no existe.[50] Algunos pacientes con epilepsia son tratados mediante un procedimiento quirúrgico llamado callosotomía, que interrumpe la conexión entre los hemisferios cerebrales izquierdo y derecho. Como resultado, una proporción de pacientes informa de que son conscientes de dos "yo".[51] Siempre que el cerebro está enfermo o lesionado, la mente padece. Incluso el hecho de golpear a alguien en la cabeza con un objeto contundente

---

50. S. Dieguez, "Cotard Syndrome", en *Frontiers of Neurology and Neuroscience*, 2018, 42:23-34.

51. J. B. Green, S. Goetz, W. Hasker, N. C. Murphy y K. Corcoran, *In Search of the Soul: Four Views of the Mind-Body Problem* (Wipf & Stock, 2010), p 22. Richard Swinburne también analiza un experimento intelectual parecido en su libro *The Evolution of the Soul* (OUP USA, 1997), pp. 147-149.

le producirá, como mínimo, dolor de cabeza, y perjudicará su capacidad de pensar con claridad. En el desarrollo saludable del cerebro se aprecian los mismos paralelos. El grado de consciencia de un recién nacido es diferente del que tiene un niño de un año, que a su vez difiere del de un adolescente, porque sus cerebros se encuentran en estadios distintos de crecimiento. La mente y el cerebro (la consciencia y el cerebro), aunque no son idénticos, están claramente vinculados.

Muchos agnósticos, ateos[52] y cristianos[53] encuentran sentido a esta relación estrecha entre mente y cerebro adoptando la idea de que el cerebro *genera* la mente y la consciencia.[54] Cuando con el paso del tiempo se reúnen distintas partes se genera un elemento nuevo, pero si los componentes se disgregan la nueva entidad desaparece. Este concepto se conoce en términos generales como "fisicalismo no reduccionista", una postura que ya perfilamos en el capítulo 1.

Pensemos en una universidad. Una universidad es una institución compuesta de muchos departamentos distintos, cada uno de ellos centrado en un área temática y con una especialización. La universidad nace del hecho de que existen muchos departamentos diferentes que generan la investigación. Pero una universidad es más que la suma de sus departamentos. Una universidad cuenta también con una red de alumnos, una reputación internacional y una base

---

52. Hay cierto número de no teístas que sostienen el paradigma del FNR, entre ellos el profesor de Filosofía de Berkeley John Searle; la profesora de Filosofía de Oxford y baronesa Susan Greenfield; y sir Roger Penrose, Profesor de Matemáticas, también en Oxford.

53. Los defesores cristianos del FNR incluyen a Nancy Murphy, profesora de Filosofía Cristiana en el Fuller Theological Seminary; professor John Polkinghorne, KBE FRS, físico teórico, teólogo, escritor y sacerdote anglicano de la Universidad de Cambridge; Profesor Malcolm Jeeves, CBE FRSE FMedSci, Profesor Emérito de Psicología en la Universidad de St. Andrews; y Peter van Inwagen, Profesor de Filosofía en la Universidad de Notre Dame.

54. Por ejemplo, H. Hudson, *A Materialist Metaphysics of the Human Person* (Cornell University Press, 2001), pp. 172-192; y L. R. Baker, "Need a Christian Be a Mind/Body Dualist?", en *Faith and Philosophy*, 1995, 12(4):489-504.

de patrocinadores. Los miembros de esa universidad desarrollan ideas que dan forma a la cultura y hacen descubrimientos que pueden alterar el curso de la historia. En el caso de una universidad, la institución está constituida por las partes que la componen, pero es mucho mayor que todas ellas combinadas. Sin embargo, si esos departamentos se desmantelaran, la universidad dejaría de existir.

De igual manera, según este punto de vista, la mente y la consciencia emergen cuando se reúne cierto número de partes físicas, pero son más que el cerebro por sí solo. Entonces, ¿qué debemos pensar de este paradigma?

EL PROBLEMA SIGUE SIENDO "DIFÍCIL"

Los museos son lugares fascinantes. Las colecciones de objetos antiguos protegidos por vitrinas de cristal provocan diversas reacciones tanto en adultos como en niños. Observamos esos objetos antiguos de madera, piedra y metal, intentando imaginar los años que han pasado desde que esa lanza o aquella vasija estuvieron en manos de la persona que las hizo. Las obras de arte y las joyas antiguas resultan especialmente fascinantes. En términos antropológicos, expresarse por medio de la creatividad es un indicio de pensamiento avanzado, pensamiento abstracto y, en última instancia, niveles de consciencia humanos. Al principio este tipo de expresión estuvo ausente, pero se convirtió en parte integral de la vida del *Homo sapiens* durante el periodo final de la Edad de Piedra.[55]

La pregunta es: ¿qué fue lo que produjo ese cambio? Se ha propuesto el concepto de *emergencia* como solución natural al problema "difícil" antes mencionado. Sin embargo, en realidad plantea más preguntas. *¿Cómo* surgió exactamente

---

55. I. Tattersal, "Human Evolution: Personhood and Emergence", en M.A. Jeeves y D. Tutu (editores), *The Emergence of Personhood: A Quantum Leap?* (Eerdmans, 2015), p. 44.

la consciencia? Si estamos tratando con un sistema cerrado de materia sin sentido y de neuronas no conscientes, ¿cómo es que estas llegaron a generar mentes conscientes? El problema difícil no ha desaparecido. Aunque la emergencia tiene sentido en ciertos sentidos, aún queda una enorme área de misterios para los que no existen respuestas claras.

Surgen más preguntas. Si el único ingrediente básico y necesario para generar la consciencia es el cerebro físico, ¿cómo es que los animales no alcanzan los mismos niveles de consciencia que los humanos? En términos genéticos, los humanos y los chimpancés comparten un grado elevado de su ADN. Según parece, los primates poseen cierta percepción consciente, pero no son conscientes en el mismo grado en que lo son los humanos.[56]

Pensemos, por ejemplo, en el perro, el mejor amigo del hombre. Los perros están tremendamente sintonizados con su entorno. Cuando hay tormenta, se encogen. Cuando su dueño se ha marchado, ladran y gimotean. Persiguen a los conejos y a otros perros. Incluso experimentan emociones: un perro con miedo mete la cola entre las patas, mientras que un perro contento la sacude vigorosamente. Pero, por lo que sabemos, no parecen tener una vida interior. No se meten en su capazo a dormir pensando: "Hoy he tenido un día complicado". No se preguntan: "¿Por qué soy un perro y no un gato?" o "¿Cuál es el propósito de mi vida?". Los perros comen, duermen y reaccionan a su entorno.

Steven Pinker, un psicólogo de Harvard, sostiene que a los primates se les puede entrenar para que usen el lenguaje y realicen tareas cognitivas limitadas. Es cierto, ¡pero solo si es un humano el que empieza a entrenarles! Max Tegmark, que escribió en la revista *New Scientists* sobre *The Universe Next*

---

56. K. Matsumoto, W. Suzuki y K. Tanaka, "Neuronal Correlates of Goal-based Motor Selection in the Prefrontal Cortex"', *Science*, 2003, 301(5630):229-32.

Door ("El universo de la puerta de al lado"), se cuenta entre un grupo de filósofos que explican las diferencias en términos de su complejidad. Cuando los grupos de átomos se disponen de nuevas maneras, emergen nuevas propiedades.[57] Los niveles cada vez más altos de complejidad conducen a habilidades más y más sofisticadas. Sin embargo, los estudios demuestran que incluso el primate más desarrollado y mejor entrenado no puede superar la capacidad cognitiva de un niño de cuatro años.[58] La discontinuidad entre monos y humanos se centra en el "tipo", no en el "grado". Por sí sola, la complejidad es insuficiente para hacernos salvar el abismo.

El filósofo J. P. Moreland afirma que, en un mundo solo material, la idea de que el cerebro genera la consciencia es susceptible de ser desbancada por otras teorías más persuasivas.[59] Más adelante diremos algo más sobre qué tipo de teorías rivales pueden ser esas.

¿Y SI MUERE EL CEREBRO?

En 1991, Pamela Reynolds sufrió una grave hemorragia cerebral provocada por un aneurisma, y tuvieron que intervenirla para salvarle la vida. La operación, apodada "la parada", requería que provocasen un descenso de su temperatura corporal, que su señal cardíaca y cerebral quedase en "línea plana" y que le drenasen toda la sangre de la cabeza. Técnicamente, desde el punto de vista clínico Pamela estaba muerta. La operación tuvo éxito, pero cuando la reanimaron, para sorpresa

57. F. Swain, *The Universe Next Door: A Journey Through 55 Parallel Worlds and Possible Futures* (John Murray, 2017), p. 166.
58. Una exposición sobre este tema aparece en R. A. Varghese (editor), *The Missing Link: A Symposium on Darwin's Framework for a Creation-evolution Solution* (University Press of America, 2013), pp. x-xiv.
59. J. P. Moreland, *Consciousness and the Existence of God: A Theistic Argument* (Routledge, 2009), pp. 15-16.

de sus médicos, Pamela recordaba haber estado consciente durante la cirugía.

El cardiólogo Dr. Michael Sabom cuenta la historia de Pamela en su libro *Light and Death*[60] ("Luz y muerte"), en el que estudia la ciencia de las experiencias cercanas a la muerte (ECM). Varias décadas más tarde, gracias a la mejora sustancial de las intervenciones cardíacas, historias como la de Pamela son frecuentes. Cientos de personas han descrito verse de repente fuera de su cuerpo, contemplando la sala desde lo alto; han tenido visiones de túneles blancos y parientes fallecidos, combinadas con una sensación de paz y de bienestar. Algunos han descrito también otras ECM más angustiosas.

Una encuesta Gallup realizada en 1982 a millones de personas corrientes reveló que el 15% de ellas había tenido una ECM. Dado que en las tres últimas décadas ha habido tantas personas que han informado de ese tipo de experiencias, diversos cardiólogos,[61] psicólogos[62] y pediatras[63] de distintos continentes han entrevistado sistemáticamente a miles de pacientes, con intención de comprender este fenómeno.

---

60. Michael Sabom, *Light and Death* (Zondervan, 1998).
61. R. A. Moody, *Life After Life* (HarperOne, 2015); E. Kübler-Ross, *On Children and Death: How Children and Their Parents Can and Do Cope with Death* (Simon & Schuster, 1997); M.B. Sabom, *Recollections of Death: A Medical Investigation* (Harper & Row, 1981); P. Van Lommel, "About the Continuity of Our Consciousness", en C. Machado y D. A. Shewmon (editores), *Brain Death and Disorders of Consciousness* (Kluwer Academic/Plenum, 2004); S. Parnia, D. G. Waller, R. Yeates y P. Fenwick, "A Qualitative and Quantitative Study of the Incidence, Features and Aetiology of Near Death Experiences in Cardiac Arrest Survivors", *Resuscitation*, 2001, 48(2):149-56; B. Greyson, "Incidence and Correlates of Near-Death Experiences in a Cardiac Care Unit", General Hospital Psychiatry 2003, 25(4).
62. K. Ring, *Life at Death: A Scientific Investigation of the Near-Death Experience* (Coward, McCann & Geoghegan, 1980); K. Osis y H. Erlendur. At the Hour of Death (Avon, 1977).
63. M. Morse y P. Perry, C*loser to the Light: Learning from Children's Near-Death Experiences* (Bantam, 1992).

Distinguidos cirujanos,[64] científicos[65] y filósofos[66] han escrito libros al respecto.

Las ECM son una objeción clave contra la conclusión de que el cerebro genera la consciencia. Si la consciencia está supeditada al cerebro, entonces, cuando este muere, podríamos esperar que la consciencia se extinguiera. Pero ¿nos están diciendo las ECM que uno puede ser consciente aunque su cerebro no esté en funcionamiento? ¿O quizá se pueden explicar de alguna otra manera?

ALGUNAS OBJECIONES

A algunos les preocupa que las ECM sean una invención provocada por una actividad cerebral residual,[67] o meramente la expresión del deseo de que suceda algo así. No podemos descartar la posibilidad de que sean invenciones; sin embargo, algunos pacientes han dado detalles sobre su estado cercano a la muerte que pudieron corroborarse externamente. Por ejemplo, detalles como el contenido de una conversación que mantuvieron unas personas a varias habitaciones de distancia durante el periodo de la intervención quirúrgica,[68] o personas ciegas de nacimiento que afirmaron recobrar la vista y describieron con todo detalle a sus familiares y amigos.[69]

---

64. Pim van Lommel, *Consciousness Beyond Life* (HarperOne, 2011); Jan Holden, Bruce Greyson y Debbie James, *The Handbook of NDEs: Thirty Years of Investigation* (Praeger, 2009).
65. Jeffery Long y Paul Perry, *Evidence of the After-life: The Science of Near-Death Experiences* (HarperOne, 2009).
66. G. R. Habermas y J. P. Moreland, *Beyond Death: Exploring the Evidence for Immortality* (Wipf & Stock, 2004).
67. A. Griffin, "Brain Activity Appears to Continue After People are Dead, According to New Study", *The Independent*, 9 de marzo de 2017.
68. G. R. Habermas y J. P. Moreland, *Beyond Death*, pp. 155-172.
69. K. L. Woodward, "There is life After Death", McCall's, agosto de 1976, p.136; J. Kerby Anderson, Life, *Death and Beyond* (Zondervan, 1980), p. 91; Elisabeth Kubler- Ross, *On Children and Death* (Macmillan/Collier Books, 1983), p. 208, en G.R Habermas y J. P. Moreland, *Beyond Death*, p. 158.

Por lo que respecta a la actividad cerebral residual, no podemos descartar la posibilidad de una actividad neuronal que nuestros instrumentos no logren detectar. Pero el paciente se encuentra en un estado de muerte clínica. El suministro de sangre al corazón y al cerebro se ha interrumpido temporalmente para permitir la intervención. A pesar de que la muerte clínica es reversible y difiere de la muerte biológica plena, resulta difícil explicar el concepto de que en este estado perdure alguna señal cerebral residual.[*70] Las ilusiones a las que se aferran los que tienen miedo a la muerte tampoco parecen explicar las ECM. Si la persona está clínicamente muerta, sin duda el temor a morir es irrelevante. Además, algunas ECM son aterradoras o les suceden a personas que no creen en el cielo ni en el infierno.[71]

¿Cuestionan las ECM la idea de que la consciencia está supeditado al cerebro? Algunos dicen que sí. Las ECM pueden parecernos extrañas y contrarias a la experiencia común. Sin embargo, aunque solo se hubiera producido un único encuentro auténtico de este tipo, supone un duro golpe a la concepción de que la consciencia reside totalmente en el cerebro físico o incluso que emerge de él. Otros dicen que no, y consideran que esos datos son especulativos y que están en sus primeras etapas. Para los cristianos, si las ECM son reales, no suponen una verdad universal sobre la vida más allá de la muerte. Describen lo que le sucede a una persona que *se acerca* a la muerte o que se encuentra en los primeros

---

* En un estudio que realizó el cardiólogo Fred Schoonmaker de 1.400 ECM, 55 pacientes habían experimentado una ECM en ausencia de un indicador discernible de ECG.

70. John Audette, "Denver Cardiologist Discloses Findings After 18 Years of Near-Death Research," *Anabiosis*, volumen 1 (1979), pp. 1-2; Dina Ingber, "Visions of an Afterlife," *Science Digest*, (89, 1, en.-feb. 1981), pp. 94-97, 142, en G. R Habermas y J. P. Moreland, *Beyond Death*, p. 160.

71. www.express.co.uk/news/science/868086/LIFE-AFTER-DEATH-What-happens-when-you-die-near-death-experience-NDE (consultada el 8 de enero de 2019).

momentos de la muerte clínica reversible, un estado diferente a la muerte biológica plena e irreversible.

¿UNA PRUEBA DEL CIELO?

Entré en la universidad en 1993 siendo agnóstica, y rápidamente empecé a conocer personas procedentes de muy diversos trasfondos y con creencias distintas. Recuerdo vívidamente una conversación sobre la vida tras la muerte que mantuve con un amigo que era ateo. ¿Qué opinaba él? Cuando mueres, inconsciencia total. *Fin de la historia.* Yo no me decantaba claramente por ninguna opción.

No fue hasta más adelante cuando me encontré formulando más preguntas. *¿Y si resulta que Dios existe?* Todos tenemos derecho a una opinión, pero cuando topan con los hechos las opiniones se vuelven irrelevantes. ¿Y si Dios es real? ¿Y si es un hecho que un día voy a encontrarme con él y tendré que darle cuentas de mi vida? ¿Estaré preparada? ¿Se sostendrán en pie mis excusas por cómo haya vivido? Las preguntas sobre la vida después de la muerte formaron una parte esencial de mi viaje hacia la fe.

¿Son las ECM una prueba de que el cielo es real? La perspectiva de que la consciencia sobreviva a la muerte resulta atractiva para algunos, pero a otros les da que pensar. Hay quien habla de sus seres queridos diciendo que están en un lugar mejor, como si siguieran existiendo. Otros están fascinados por el intento de contactar con los muertos por medio de sesiones espiritistas, dando así por hecho que la persona sigue existiendo, aunque "al otro lado". Hay otros que no tienen deseos de vivir para siempre. Pero ¿son las ECM una prueba de que existe "un lugar mejor" o incluso de que Dios existe?

Los cristianos no deberían apresurarse a presentar las ECM como pruebas de la existencia de Dios, aunque el neurocirujano judío Eben Alexander lo ha expresado con mayor contundencia y se ha referido a ellas como "pruebas del cielo".[72] Este campo sigue en vías de desarrollo; sin embargo, si Dios existe, la posibilidad de la consciencia después de la muerte cerebral no debería sorprendernos. Uno de los versículos más famosos de la Biblia nos dice que...

Porque de tal manera amó Dios al mundo, que ha dado a su Hijo unigénito, para que todo aquel que en él cree, no se pierda, más tenga vida eterna. (Juan 3:16).

La afirmación de este versículo es que la vida no tiene por qué ser el final. Nos aguarda algo más. Existe la posibilidad de la vida y de la consciencia después de la tumba.

¿ES TODO CONSCIENTE?

Algunos filósofos admiten las deficiencias de intentar explicar la consciencia solo en términos de la materia, y reconocen la necesidad de empezar la conversación en algún punto nuevo. Una de estas personas es el profesor David Chalmers, mencionado en el capítulo 3. Según Chalmers, los bloques de construcción del cerebro no son el punto de partida idóneo. Tenemos que partir de nuestra experiencia subjetiva, entenderla como fundamental e intentar elaborar una teoría de la consciencia en torno a la experiencia.[73] Chalmers resuelve el problema difícil al afirmar que solo existe un tipo de sustancia, pero que su naturaleza es tanto física como consciente. Bajo este punto de vista, en cierto grado *todo* es consciente. Todas las partículas poseen dimensiones físicas y conscientes. Los sistemas más complejos poseen grados más altos de consciencia, pero los estados conscientes están presentes en todos

72. E. Alexander, *Proof of Heaven: A Neurosurgeon's Journey into the Afterlife* (Piatkus, 2013).
73. D. J. Chalmers, *The Character of Consciousness* (Oxford University Press, 2010), pp. 15-17.

los átomos, incluyendo los de seres inanimados como los minerales, los metales y el moho.

Este paradigma se conoce como panpsiquismo, nombre derivado de los términos griegos *pan*, que significa "todo", y *psique*, que significa "alma" o "mente". El panpsiquismo subyace también en el pensamiento oriental del budismo y del jainismo. Aunque intrigante, cuesta visualizar este punto de vista en términos reales. ¿Es cierto que los electrones, las piedras y los árboles tienen cierto grado de consciencia? Y si es así, ¿qué significa esto realmente en la práctica? Es imposible verificar esta concepción. A pesar de ello, es popular entre los filósofos modernos, porque resuelve el enigma de la consciencia al afirmar su presencia en todos los aspectos de la vida.

Otro naturalista que rechaza un enfoque estrictamente fisicalista de la consciencia es Thomas Nagel, profesor de filosofía en la Universidad de Nueva York. Nagel adopta una visió ligeramente distinta a la de Chalmers, y cree que los átomos y las moléculas son los precursores de la consciencia; es un paradigma conocido como protopanpsiquismo. Según este punto de vista, la calidad de la experiencia en primera persona aumenta a medida que aumenta también la complejidad: cuando los átomos forman células, estas forman organismos y así sucesivamente, llegando hasta los seres humanos. Un electrón tiene una experiencia distinta del mundo de la que tiene un humano, pero aun en él existe el potencial para tener consciencia.

Los críticos del protopanpsiquismo argumentan que en realidad este no resuelve el problema difícil, sino que plantea nuevas preguntas. ¿Qué significa ser preconsciente? Tal como lo expresa el filósofo William Jaworski:

> *Sabemos qué son las creencias o los deseos, pero ¿qué son las protocreencias o los protodeseos? Por ejemplo, creo*

que 2 + 4 = 4, pero ¿qué significaría tener la proto-creencia de que 2 + 2 = 4?[74]

A pesar de todo, Nagel no ha rehuido el combate, y en su libro más reciente, *La mente y el cosmos: por qué la concepción neo-darwinista materialista de la naturaleza es, casi con certeza falsa,* sugería que:

> *No deberíamos renunciar al objetivo de encontrar un nuevo tipo de explicación naturalista integrada.[75]*

Sus puntos de vista y la expresión de estos le han pasado cierta factura dentro de la comunidad fisicalista. Algunos han tachado a Nagel de "hereje" por atreverse a cuestionar la idea de que la materia lo explica todo.

Por tanto, una posible teoría rival es la creencia de que la propia materia posee consciencia. La consciencia es básica para la vida. ¿Qué otras teorías posibles hay?

¿ESTÁ LA CONSCIENCIA *MÁS ALLÁ* DEL CEREBRO?

Un tercer criterio sostiene que la consciencia está *más allá* del cerebro. La experiencia consciente es un bloque de construcción fundamental y básico de la vida, y tenemos que empezar por aquí y explicar todo lo demás en relación con la consciencia, en lugar de hacerlo al revés. Los estados conscientes son independientes de las neuronas y de la química cerebral. De hecho, entran en juego dos sustancias distintas pero interactivas: un cerebro físico y una mente no física que es consciente.

---

74. W. Jaworski, *Philosophy of Mind: A Comprehensive Introduction* (Wiley-Blackwell, 2011), p. 231.
75. Thomas Nagel, *Mind and Cosmos: Why the Materialist Neo-Darwinian Conception of Nature is Almost Certainly False* (Oxford University Press, 2012), pp. 68-69.

Muchos científicos rechazan enseguida este punto de vista, conocida como "dualismo sustancial". Un artículo del *New Science* titulado "¿Qué es la consciencia?" sostenía que:

Las ideas [de Descartes sobre el dualismo sustancial] influyeron en la neurociencia hasta hace unas décadas, pero el campo ha seguido avanzando.[76]

Pero algunos pensadores eminentes no están de acuerdo. Hay bastantes profesores de filosofía que siguen siendo dualistas sustanciales en nuestra época, entre ellos Richard Swinburne[77] y Keith Ward[78] de la Universidad de Oxford, Alvin Plantinga de Notre Dame[79] y J. P. Moreland de la Universidad Biola.[80]

Michael Egnor, profesor de neurocirugía en la escuela de Medicina de la Universidad Stony Brook, Nueva York, adelanta la idea de que muchos de sus pacientes carecen de grandes secciones del cerebro, pero sin embargo "tienen una mente bastante lúcida". Una persona puede mantenerse intacta a pesar de que el cerebro haya padecido un daño considerable. Egnor recuerda que incluso pudo mantener una conversación coherente con una paciente mientras le extirpaba un tumor de su lóbulo frontal. Después de treinta años de trabajar en este campo, Egnor ha llegado a la conclusión de que la mente de una persona está simplemente más allá del funcionamiento de su cerebro, y comenta que:

El materialismo, el concepto de que la materia es todo lo que existe, es la premisa de buena parte del pensamiento

76. Anil Ananthaswamy, *New Scientist*, 3 de septiembre de 2016.
77. Richard Swinburne, *Mind, Brain, and Free Will* (Oxford University Press, 2014).
78. Keith Ward, *More Than Matter* (Lion, 2010).
79. Alvin Plantinga, "Materialism and Christian Belief", en P. Van Inwagen y D. W. Zimmerman (editores), *Persons: Human and Divine* (Oxford University Press, 2007), pp. 99-141.
80. J. P. Moreland y S. B. Rae, *Body and Soul: Human nature and the Crisis in Ethics.* (InterVarsity Press, 2000).

contemporáneo sobre qué es un ser humano. Aun así, las evidencias procedentes del laboratorio, el quirófano y la experiencia clínica apuntan a una conclusión menos en boga: los seres humanos están a caballo entre el reino de lo material y el de lo inmaterial.[81]

Incluso los pacientes que padecen demencia avanzada poseen momentos de lucidez. Algunos pacientes que han pasado por una callosotomía hablan de tener "dos yo", pero no de "no tener yo". Muchos consideran que el neurocirujano Wilder Penfield (1891-1976) es el padre de la neurocirugía moderna. Los estudios pioneros de la epilepsia consciente, que hizo en la década de 1950, permitieron la identificación de muchas regiones de la superficie cerebral. Pero Penfield nunca estimuló un área que cambiase ni indujese el sentido que tenía una persona de sí misma.[82] Se activaron todo tipo de sensaciones y movimientos involuntarios (a veces incluso emociones), pero nunca un razonamiento abstracto; nunca el sentido de "cómo es ser tú", nunca la propia consciencia. Parece que el campo de la neurociencia no haya pasado del dualismo sustancial. Muchos médicos clínicos creen que una mente no física es lo que mejor explica sus observaciones.

Ni siquiera la historia de Phineas Gage descarta la posibilidad de que la consciencia trascienda el cerebro. Su estudio de caso se usa a menudo como evidencia de que la mente depende por completo del cerebro. Sin embargo, Marilynne Robinson, en su libro *Absence of Mind* ("Enajenamiento"), plantea la idea de que aunque probablemente la historia de Gage se ha ido embelleciendo con el tiempo, aquel hombre volvió a trabajar,[83] ¡y a todo el que haya sobrevivido a una

---

81. M. Egnor, "A Map of the Soul", *First Things*, 20 de junio de 2017.
82. evolutionnews.org/2016/04/Wilder_penfield/ (consultada el 8 de enero de 2019).
83. Marilynne Robinson, *Absence of Mind* (Yale University Press, 2010), pp. 47-50.

colisión frontal con una barra de hierro se le puede perdonar que esté un poco molesto! Quizá ese cambio de personalidad no se pueda atribuir totalmente al trauma que padeció el cerebro de Gage. La historia de Phineas Gage puede incluso demostrar lo opuesto a lo que generalmente se supone que demuestra: aun con una lesión extremadamente grave en el cerebro, la persona puede seguir funcionando.

¿CÓMO INTERACTÚAN EL CEREBRO Y LA MENTE?

A muchas personas, la pregunta de cómo una mente no física puede producir cambios en un cerebro físico les plantea cierta inquietud. Si la mente y el cerebro son distintos, ¿cómo explicamos la clara interacción entre ellos? No hay duda de que el "fantasma en la máquina" de Descartes sugiere que las alteraciones en el cerebro no deberían tener efecto sobre la mente, ¿no? Pero es evidente que esto no es así.

Los dualistas responden que la relación mente/cerebro no está limitada al dualismo cartesiano, según el cual la mente y el cerebro interactúan solamente por medio de la glándula pineal (ver el capítulo 2). Hoy día muchos dualistas tienen una visión más holística, y prefieren modelos como el dualismo tomista, que es el paradigma que dice que los estados conscientes existen más allá del cerebro, pero que también están causalmente vinculados con él. Un dualista holístico acepta y agradece los descubrimientos de la neurociencia moderna, pero añade que estos no lo explican todo.

Aparte de esto, lo no físico puede alterar lo físico en otras áreas de la vida. El *cyberbullying* puede hacer que un niño pierda el apetito, tenga ataques de pánico y padezca insomnio. Que el amor de tu vida te pida una cita puede provocar que te sonrojes y se te traben las palabras, pero al mismo tiempo dará alas a tus pies. El llanto, un proceso que libera agua salada de las glándulas lacrimales de nuestros ojos, se puede activar al escuchar tanto la noticia de la muerte de un ser querido como el anuncio de que un amigo ha aprobado sus exámenes. La información de este tipo es no física, pero tiene un efecto físico. En la vida cotidiana lo inmaterial impacta en lo material constantemente. Entonces, ¿por qué no va a hacerlo una mente no física que interactúa con un cerebro físico?

¿NO CIENTÍFICO?

Algunos se apresuran a rechazar la posibilidad de una mente no física basándose en que no es científico. Sin embargo, hay algunos científicos que adoptan este punto de vista y otros que no. Hay incluso científicos que han cambiado de parecer. Un profesor de biología de Harvard, George Wald, Premio Nobel por su trabajo sobre la bioquímica de la visión, fue un ateo acérrimo casi toda su vida pero cuando ya había sobrepasado los setenta años de edad experimentó un cambio radical de sus creencias. Más tarde llegó a estas conclusiones sobre la consciencia:

Me parece que la consciencia es totalmente indiferente a la ciencia. No se yergue como un elemento indigerible dentro de la ciencia, sino todo lo contrario: la ciencia es el elemento altamente digerible dentro de la consciencia... La mente, en lugar de emerger como un crecimiento tardío en la evolución de la vida, ha existido siempre como la matriz, la fuente y la condición de la realidad física, de modo que la materia de la que se compone la realidad física es materia mental.[84]

84. G. Wald, "Life and Mind in the Universe", *International Journal of Quantum Chemistry*, 1984, 26(S11):1.

¿UN SISTEMA ABIERTO?

Basándonos en la ciencia, en última instancia no es posible tomar una decisión sobre la naturaleza de la consciencia. En realidad se reduce a un punto de vista personal. ¿Qué pasaría si considerásemos la posibilidad de que no vivimos en un sistema cerrado de materia sin sentido? ¿Y si resulta que también en el universo hay un sentido? ¿Y si nos abrimos a la posibilidad de que Dios exista? ¿Cómo nos ayudaría esto con el problema "difícil"? Supondría que una vez más podríamos considerar la consciencia como un elemento fundamental en el universo, pero de una forma distinta a la de nuestros colegas panpsíquicos.

Los cristianos que no son fisicalistas reduccionistas adoptan la postura de que el cerebro ha dado pie a la mente consciente, pero como la obra creativa de un ser consciente: Dios. Bajo este punto de vista, el puente hacia la consciencia humana no se cruza mediante niveles cada vez más grandes de complejidad cerebral, sino cuando la humanidad entra en una relación con su Hacedor.[85]

Los primeros capítulos de Biblia describen poética y creativamente la formación de los seres humanos.

> *Entonces Jehová Dios formó al hombre del polvo de la tierra, y sopló en su nariz aliento de vida, y fue el hombre un ser viviente.* (GÉNESIS 2:7).

Estos versículos no contradicen necesariamente las descripciones científicas de los *procesos* mediante los que llegó a existir el *Homo sapiens*, pero sí implican que las descripciones físicas por sí solas no bastan para describir a una persona humana. El término hebreo traducido aquí como "aliento de vida" es *neshama*, y, como pasa con una palabra

---

85. M. A. Jeeves y D. Tutu, *The Emergence of Personhood: A Quantum Leap?* (Eerdmans, 2015), p. 241.

semejante, *ruach*, significa meramente "aliento". Estas palabras se refieren al espíritu, el alma o la vida de una persona. Por lo tanto, en consonancia con estos versículos, una persona es mucho más que materia, mucho más que una máquina. Dios ha insuflado aliento en los seres humanos, y esto es lo que les ha otorgado la capacidad de pensar en sí mismos y más allá de sí mismos, en otras personas y en el propio Dios. Otros versículos describen esto diciendo que los humanos fueron hechos "a imagen de Dios" (Gn. 1:27). En el capítulo 8 diremos más sobre lo que esto puede significar; aquí basta decir que si el propio Dios es consciente, podemos esperar que los humanos también lo sean.

EL ORIGEN DE LA MENTE

Los cristianos que son dualistas sustanciales creen que existe una consciencia finita, irreducible, y por consiguiente que existe una gran posibilidad de que exista un ser consciente conocido como "Dios". En cierta ocasión, J. P. Moreland describió el argumento desde la consciencia hasta la existencia de Dios usando unos términos interesantes, respondiendo quizá al lenguaje anterior de Daniel Dennett sobre la "prestidigitación":

> *Todos sabemos que en realidad nadie puede sacar un conejo de una chistera. Cuando un mago afirma que saca un conejo del sombrero, sabemos que ya de entrada el conejo tenía que estar dentro de la chistera... Y es que no se puede sacar algo de la nada; es imposible no tener nada y, de repente, que aparezca un conejo. Si partes de la materia del Big Bang y lo único que haces es recolocarla, conforme a las leyes de la química y de la física, no podrás sacar un conejo consciente de ese sombrero material. Acabarás teniendo un sombrero muy complejo, pero dentro no habrá ningún conejo.*

El motivo de que exista la consciencia es porque parti-mos de un conejo, que además es un conejo enorme (a saber, Dios), que es consciente, y no tenemos que sacar un conejo de una chistera vacía y explicar cómo surgió la consciencia a partir de la materia dado que la mate-ria nunca ha existido por sí sola. Dios siempre existió.[86]

En otras palabras, la consciencia existe porque Dios existe. Somos conscientes porque Dios lo es. Dios es un ser pensan-te, sintiente, consciente, que también es relacional y desea extender la consciencia más allá de sí mismo, hasta las per-sonas a las que ha creado.[87] La consciencia interactúa con el cerebro en el caso de los humanos, pero no depende de aquel en el caso de Dios. Si Dios existe, es posible ser consciente sin tener un cerebro. Contrariamente a la opinión popular, la Biblia sigue siendo un superventas, y su primera línea dice:

En el principio creó Dios los cielos y la tierra.

(GÉNESIS 1:1).

"En el principio creó Dios…". La "mente" de la que habla-ba George Wald es la mente de Dios. Según esta postura, la mente de Dios siempre ha existido e hizo que surgiera todo lo demás. Si Dios existe, entonces el sistema no está cerrado, y hay esperanza para resolver el problema difícil.

Pero la pregunta de si somos o no máquinas conduce a otra pregunta. Si el cerebro lo dirige todo, ¿realmente somos libres para tomar nuestras propias decisiones? ¿O hacemos sencillamente lo que nos dicta el cerebro? Este será el tema de nuestro próximo capítulo.

---

86. "Neuroscience and the Soul—full Interview with J. P. Moreland", youtube.com/watch?v=JxlYKqmE7o0 (consultada el 8 de enero de 2019).
87. Richard Swinburne, *The Existence of God* (Clarendon Press, 2004).

5
El libre albedrío, ¿es solo un espejismo?

Has ido de compras en busca de algo de picoteo para llevar a una fiesta de la oficina y decides comprar palitos de pan y *hummus*. ¿Has tomado tú la decisión o ha sido tu cerebro? La fiesta es genial. Decides volver a casa en taxi en lugar de tomar el bus. ¿Has tomado esa decisión o ha sido tu cerebro? Al día siguiente tu jefe anuncia reducción de plantilla, y tienes que decidir si te ofreces para el despido voluntario o no. Decides que sí. ¿Has sido tú quien ha tomado la decisión, o la ha tomado tu cerebro por ti?

En todo momento tomamos decisiones. Son decisiones intrascendentes, como qué vamos a tomar para desayunar. Son decisiones importantes, como qué carrera estudiar o en qué ciudad o país vivir. Son decisiones serias pero emocionantes, como la de proponerle matrimonio a alguien o no. Nuestras decisiones significan algo. A veces decidimos bien y recibimos la recompensa. A veces tomamos una decisión errónea y acabamos pagando por ello. Pero, sea como fuere, a nosotros la decisión nos parece real y significativa.

Pero si solo somos nuestros cerebros, ¿somos libres de alguna manera que tenga sentido? Algunos científicos y filósofos creen firmemente que no. Sostienen que quizá nos dé la sensación de que tomamos decisiones libremente, y que por tanto estas tienen sentido, pero en realidad el libre albedrío es un espejismo. No hacemos más que lo que nos dicta nuestro cerebro.

Sam Harris, científico especializado en imagenología cerebral (y ateo), comienza su libro *Free Will* ("Libre albedrío") describiendo una sórdida y brutal agresión a una familia de Connecticut. El ataque lo perpetraron dos hombres, uno de los cuales se llamaba Komisarjevsky; pretendía ser solo un robo, pero acabó con cuatro cargos por asesinato. Según Harris, los agresores no podían haber hecho las cosas de otra manera aunque lo hubieran querido. La violencia desatada el 23 de julio de 2007 fue producto de sus genes y de la educación que habían recibido durante toda su vida, unidos a la actividad de sus cerebros en aquel momento. Harris reflexiona:

> *Por espantoso que me resulta su comportamiento, tengo que admitir que si pudiera cambiarme por uno de esos hombres, átomo por átomo, sería él... Si el 23 de julio de 2007 hubiera estado en la piel de Komisarjevsky, es decir, si hubiera tenido sus genes y su experiencia de vida, y un cerebro (o un alma) idéntico en un estado idéntico, habría actuado exactamente como él lo hizo. Sencillamente, no hay una posición intelectual desde la que podamos negar esto. Por consiguiente, parece que el papel que juega la suerte es decisivo... ¿Cómo podemos entender nuestras vidas y hacer a las personas responsables de sus actos, dados los orígenes inconscientes de nuestras mentes conscientes?... El libre albedrío es una ilusión. Nuestras voluntades no las hemos creado nosotros. Los pensamientos y las intenciones emergen de las*

causas de fondo de las que no somos conscientes, y sobre las que no tenemos un control consciente. No tenemos la libertad que creemos tener.[88]

Resulta perturbador escuchar a un respetado científico lanzar una afirmación dogmática que implica ¡lo que escribe no tiene ningún sentido! La ciencia y la filosofía, ¿nos llevan necesariamente a este punto? ¿Hay algo o alguien que toma decisiones por nosotros? ¿Es cierto que no existe otra posición intelectual? ¿O quizá la posibilidad del libre albedrío sigue sobre la mesa?

EL DETERMINISMO DURO

Aquellos que, como Harris, responden a esa última pregunta que hemos formulado con un "no" muy firme, son considerados "deterministas duros". El determinismo es la creencia de que las causas previas garantizan *un resultado particular.*[89] El debate sobre el libre albedrío se centra en un aspecto del determinismo, y pregunta: "¿Garantizan las causas previas *las decisiones humanas?*"[90]

Un determinista duro piensa que el cerebro humano y las decisiones que surgen de él están totalmente determinados por causas previas. El cerebro humano se parece a una máquina que funciona conforme a procesos fijos, y esta naturaleza fija del cerebro descarta la posibilidad del libre albedrío.

Harris mantenía que la conducta de Komisarjevsky estuvo determinada por diversas causas previas: su educación (determinismo social), sus genes (determinismo genético) y su actividad cerebral ese día (determinismo neuronal). Los

---

88. Sam Harris, *Free Will* (Free Press, 2012), pp. 4-5.
89. P. Van Inwagen, *An Essay on Free Will* (Clarendon Press, 1983).
90. P. Van Inwagen y P. Westview, *Metaphysics* (Westview Press, 2015); C. Sartorio, *Causation and Free Will* (Oxford University Press, 2016).

deterministas duros se han comprometido a creer que si Harris hubiera estado "en la piel de Komisarjevsky" habría actuado exactamente de la misma manera que él. Komisarjevsky estaba atrapado en sus actos, y no podía haberse comportado de otro modo a como lo hizo. Para los deterministas duros, si las condiciones previas son las mismas, incluso para dos personas diferentes, el resultado nunca cambia. El determinismo y el libre albedrío son incompatibles, y por eso los deterministas duros también se conocen como "incompatibilistas". El filósofo Friedrich Nietzsche, en el siglo XX, abogaba por este paradigma.

¿Tiene razón Harris cuando dice que esta es la única postura creíble desde el punto de vista intelectual? En pocas palabras, no. También hay libertarios y compatibilistas. Según estas dos posturas, la voluntad humana no es ilusoria. Forma parte de la mente, y por lo tanto es capaz de producir efectos en el cuerpo. Los libertarios sostienen que siempre tenemos la libertad para elegir libremente y sin coacciones, mientras los compatibilistas arguyen que estamos determinados en gran medida, pero que en determinadas condiciones podemos actuar libremente.

EL COMPATIBILISMO: EL DETERMINISMO "BLANDO"

El "compatibilismo" o "determinismo blando" sostiene que el determinismo es verdad, pero también es compatible con el libre albedrío. Los compatibilistas creen que la conducta humana viene determinada por causas previas, pero que también podemos actuar libremente cuando no nos están coaccionando o cuando intentamos satisfacer nuestros deseos. Pensemos en los métodos utilizados para pilotar un avión. El modo de piloto automático determina la mayoría de detalles del vuelo. Sin embargo, en unas circunstancias normales, el piloto aún puede tomar decisiones desde la cabina de mando, sin coacción, que cumplan sus deseos para el vuelo: son decisiones como la velocidad del avión, la temperatura de la cabina y el bienestar general de los pasajeros. Tanto los procesos automáticos como la toma de decisiones libre cooperan y son compatibles.

Nuestra llegada al mundo está determinada claramente por causas previas que tienen que ver con nuestros padres. Nuestro código genético viene determinado por los genes que nos transmiten, que a su vez proceden de sus padres, de sus abuelos, y así sucesivamente. Por lo que respecta al cerebro humano, no podemos negar cierto grado de determinismo. La genética y la educación han moldeado el cerebro que tenemos hoy cada uno de nosotros. Todo cerebro está determinado en el sentido de que todo el mundo tiene la misma anatomía y las mismas redes para la visión, el movimiento, el oído, la cognición y demás. Los compatibilistas enfatizan que esto es algo positivo, y creen que la libertad humana es posible *gracias* al determinismo del cerebro, no *a pesar de* él. Sin automatización, los aviones modernos no funcionarían, independientemente de los deseos del piloto. Las propiedades fijas del cerebro proporcionan estructura y orden, gracias a los cuales tenemos la capacidad de actuar libremente en determinadas condiciones.[91]

El filósofo ateo del siglo XIX, David Hume, mantenía esta postura, como lo hace hoy día Daniel Dennett, filósofo de la Universidad Tufts. Hay algunos cristianos que también son compatibilistas, y creen que Dios dispone y determina los sucesos de la vida pero permitiendo ciertas libertades.

---

91. M. McKenna y D. J. Coates, "Compatibilism", en E. N. Zalta (editor), *The Stanford Encyclopedia of Philosophy*, edición de invierno de 2016, plato. stanford.edu/entries/ compatibilism/ (consultada el 8 de enero de 2019).

EL LIBERTARIANISMO

Una tercera postura que sostienen algunos filósofos es el libertarianismo. Sus defensores afirman que si el determinismo es verdad, la voluntad no puede ser libre. En otras palabras, el determinismo no puede coexistir con el libre albedrío, y por consiguiente el libertarianismo es también un segundo tipo de incompatibilismo.

Los libertarios creen que la libertad humana supone estar exentos de toda limitación. Sam Harris no estaría condenado a repetir los actos de Komisarjevsky porque no existe un determinismo, duro o blando, que motive nuestras decisiones. Cualquier influencia de nuestros genes, nuestra educación o nuestro entorno se puede superar porque la persona es la verdadera fuente de sus actos. Los cerebros no toman decisiones; las personas son quienes lo hacen. La voluntad reside en la mente de la persona, que siempre tiene la capacidad de actuar de otra manera o, como dicen los filósofos, llevar a cabo "posibilidades alternativas" si así lo desea.[92]

Hay diversas maneras en que los filósofos y los científicos defienden el libre albedrío libertario, y en las próximas secciones hablaremos de ellas.

DECISIONES CUÁNTICAS

Un enfoque al que apelan algunos libertarios es la imprevisibilidad del cerebro en la escala atómica. El cerebro no está tan atado a patrones o respuestas particulares como pensamos, y puede tener propiedades que expliquen el libre albedrío. Esto lo describe el principio de incertidumbre de Heisenberg.

La teoría dice que la localización de las grandes entidades cerebrales como el tejido cerebral, los vasos sanguíneos y

---

92. Para una revisión, ver *The Stanford Encyclopedia of Philosophy*. Invierno de 2016 (ver arriba la URL).

los ventrículos se puede conocer con certeza, pero que en el nivel cuántico existe mucha más incertidumbre. Tal como lo expresó el desaparecido Peter Clarke: "La naturaleza es fundamentalmente confusa".[93]

Algunos libertarios (por ejemplo, el difunto sir John Eccles) dicen que estas perturbaciones están orquestadas por la mente, y entendemos la incertidumbre de Heisenberg como una manera de describir el modo en que la mente incide en la función cerebral sin transgredir ninguna ley física.[94] Otros consideran esas perturbaciones totalmente aleatorias y demasiado pequeñas como para producir cambios significativos en los sistemas biológicos. Sostienen que la incertidumbre de Heisenberg no reaviva el concepto de libertad de consciencia humana; nos proporciona una actividad aleatoria.

Los adversarios del libertarianismo advierten que un cerebro indeterminado, que funciona caóticamente, supone una amenaza tan grande para el libre albedrío como un cerebro fijo y determinado.

EL TRÁFICO BIDIRECCIONAL

Un segundo concepto que utilizan los libertarios es la causación descendiente. Como dijimos en el capítulo 4 (páginas 51-52), sabemos que el cerebro es plástico y responde a su entorno. El cerebro no solo impacta en la mente, sino que esta también incide en el cerebro. La causación descendiente nos dice que entre el cerebro y la mente no existe solo un tráfico unidireccional; también hay "carriles" en la dirección opuesta, desde la mente al cerebro. Y si esto es

---

93. P. G. H. Clarke, *All in the Mind? Challenges of Neuroscience to Faith and Ethics* (Lion Books, 2015), p. 93.
94. J. Eccles, "A Unitary Hypothesis of Mind-Brain Interaction in the Cerebral Cortex", en *Proceedings of the Royal Society of London Series B, Biological Sciences*, 1990, 240 (1299), pp. 433-51.

cierto, entonces no podemos simplemente estar a la merced de nuestras neuronas.

LOS AGENTES LIBRES

El récord mundial para la fila más larga de fichas de dominó volvió a superarse en abril de 2017. En el momento en que escribo esto, el récord mundial actual supera los cinco millones de fichas. Resulta hipnotizador contemplar el efecto que producen las fichas que van cayendo progresivamente en solo unos pocos minutos. La mayoría de las conversaciones sobre el libre albedrío gira en torno al tema de cómo los sucesos cerebrales conducen a sucesos mentales, cómo impactan las neuronas en los pensamientos o, en otras palabras, cómo una ficha de dominó induce la caída de la que tiene al lado. Para un fisicalista, las fichas de dominó son lo único que existe, y por consiguiente las explicaciones están limitadas a este ámbito.

Sin embargo, todo el que haya visto una cascada de dominó sabrá que hay una acción, crucial para su éxito, que no está causada por una ficha. El movimiento del dedo de una persona fue lo que lo puso todo en marcha. En otras palabras, hay diversos tipos de causación: ficha-a-ficha y persona-a-ficha. El profesor Richard Swinburne hace una distinción entre "causación no intencional", en la que un suceso provoca otro, y "causación intencional", por la que la causa es más que simplemente otro suceso.[95] De hecho, la causa es una persona distinta: es un agente libre que tiene en mente una intención específica que puede ejercer un poder causal dentro de la mente y del cerebro. Si es correcta esta postura, conocida como "causación de agente", la verdadera libertad de los libertarios sigue siendo viable. Nuestros

---

95. Richard Swinburne, *Mind, Brain, and Free Will* (Oxford University Press, 2014), p. 2.

cerebros no toman decisiones; las tomamos *nosotros* como seres humanos volitivos.

LOS INTENTOS CIENTÍFICOS DE SOCAVAR EL LIBRE ALBEDRÍO

Los filósofos llevan siglos debatiendo sobre el libre albedrío. Sin embargo, el surgimiento de la neurociencia moderna ha conducido a intentos recientes de socavar el libre albedrío en el laboratorio. Un estudio concreto de imagenología cerebral, que realizó en 1983 el fisiólogo Benjamin Libet, ha tenido un impacto crucial sobre esta cuestión. Libet tomó a unos voluntarios sanos y los conectó con una máquina que mediría su actividad cerebral por medio de señales dadas en la superficie del cuero cabelludo, una técnica conocida como electroencefalografía (EEG).[96] Libet pidió a los voluntarios que se sentaran cómodamente y, sencillamente, movieran el índice de su mano derecha como quisieran. A los participantes les indicaron que movieran el dedo en el momento que les apeteciera, y que se fijasen en el instante en que habían decidido conscientemente hacerlo.

Los resultados fueron controvertidos. Sugerían que el cerebro empezó a activarse no solo antes del movimiento del dedo, sino incluso *antes* de que la persona decidiera conscientemente moverlo. Libet llegó a la conclusión de que el cerebro decide actuar mucho antes de que lo haga la mente consciente de la persona. El cerebro dirige a la persona. Tras los pasos del estudio de Libet llegaron más estudios parecidos de imagenología cerebral, y volvió a encenderse el debate entre los científicos y los filósofos sobre si ahora disponían

---

96. B. Libet, E. W. Wright y C. A. Gleason, "Readiness-Potentials Preceding Unrestricted Spontaneous vs. Pre-Planned Voluntary Acts", *Electroencephalography and Clinical Neurophysiology*, 1982, 54(3):322-35; B. Libet, C. A. Gleason, E. W. Wright y D. K. Pearl, "Time of Conscious Intention to Act in Relation to Onset of Cerebral Activity (Readiness-Potential)", *Brain*, 1983, 106(3):623-42.

ESTUDIO DE BENJAMIN LIBET DE LA TOMA CONSCIENTE
DE DECISIONES

o no de evidencias científicas que demostrasen que el libre albedrío es ilusorio.[97]

LA RESPUESTA A LIBET

¿Cómo podemos entender los datos de Libet? Un análisis de seguimiento desveló unos resultados interesantes. Los datos iniciales de Libet se habían promediado entre quince voluntarios. Pero cuando se analizó a cada individuo, la decisión de la persona precedía toda actividad cerebral solo en cinco de entre los quince voluntarios. Además, un nuevo análisis de los datos usando un método distinto demostró que la decisión de mover el dedo y la activación del cerebro se produjeron al mismo tiempo.[98] Algunos han reinterpretado cualquier incremento súbito inicial como una señal de que el cerebro está *preparado* para tomar una decisión, en lugar de representar la propia decisión.[99]

97. M. Matsuhashi y M. Hallett, "The Timing of the Conscious Intention to Move", en *European Journal of Neuroscience*, 2008, 28(11):2344-51; J. Miller, P. Shepherdson y J. Trevena, "Effects of Clock Monitoring on Electroencephalographic Activity: Is Unconscious Movement Initiation an Artifact of the Clock?", *Psychological Science*, 2011, 22(1):103-9.
98. M. A. Jeeves, *Minds, Brains, Souls, and Gods: A Conversation on Faith, Psychology, and Neuroscience* (InterVarsity Press, 2013), pp. 56-57.
99. New Scientist, *Your Conscious Mind: Unravelling the Greatest Mystery of the Human Brain* (John Murray Learning, 2017).

Estudios posteriores revelaron también que la monitorización con el reloj explicaba algunas de las activaciones tempranas del cerebro.[100] Los voluntarios tenían que observar la esfera de un reloj para registrar el momento exacto de su decisión de moverse, una acción que no se había tenido en cuenta en el análisis. Hubo estudios ulteriores, donde no se utilizó el reloj, que evidenciaron escasa o ninguna actividad temprana.

Pero incluso si se confirmase la activación temprana del cerebro, ¿se aplicaría el estudio del movimiento de un dedo a todas las áreas de la toma de decisiones? En la vida tomamos todo tipo de decisiones. Cómo y cuándo flexionar un dedo es la más básica de todas. ¿De verdad podemos usar estos resultados para sacar conclusiones sobre todos los tipos de toma de decisiones, incluyendo las morales (o inmorales) como puede ser optar por asesinar a alguien?

Quienes formaron parte del experimento original de Libet tomaron la decisión de participar en el estudio horas (y probablemente días) antes de que empezase el experimento, no unos milisegundos antes. Llegar hasta allí conllevó tomar decisiones sobre el transporte, decisiones sobre buscar un sustituto para el trabajo y decisiones sobre si los beneficios serían más cuantiosos que los riesgos. Una vez se tienen en cuenta todas estas decisiones, el impulso de mover un dedo parece trivial en comparación.

El neurocirujano Wilder Penfield admitió que la actividad eléctrica del cerebro no puede explicar el libre albedrío. En sus estudios, realizados en la década de 1950 y durante los cuales estimuló eléctricamente zonas del cerebro de pacientes conscientes, Penfield pudo inducir a aquellas personas a

---

100. J. Miller, P. Shepherdson y J. Trevena, "Effects of Clock Monitoring on Electroencephalographic Activity: Is Unconscious Movement Initiation an Artifact of the Clock?", *Psychological Science*, 2011, 22(1):103-9.

mover sus miembros y sus labios, e incluso a experimentar recuerdos y olores. Pero una de las cosas que no logró hacer fue que el paciente tomase una decisión. Tal como escribió: "No hay ningún momento… en que la estimulación eléctrica induzca a un paciente a creer o a decidir nada".[101] Wilder comenzó siendo un materialista, pero su investigación no le dejó otra opción que llegar a la conclusión de que algunas actividades cerebrales no se pueden explicar estudiando el cerebro.

LIBRE DESALBEDRÍO

Aunque los impulsos surjan en el cerebro sin nuestra consciencia, aún tenemos la capacidad de ceder a ellos o de detenerlos, de modo que no podemos estar simplemente a merced de esos impulsos. El término científico para esto es "control inhibitorio": nuestros procesos de toma de decisiones tienen incorporados mecanismos de control. En el lenguaje cotidiano decimos que tenemos "autocontrol" o que "nos resistimos a la tentación".

Hablando personalmente, sé que el impulso de comer galletas se me despierta casi todas las tardes, pero tengo la opción de ceder a él o de comerme las mandarinas que aguardan pacientes en mi mesa. Mis hijos de vez en cuando sienten el impulso de darle un capón a un hermano, pero tienen la opción de devolvérselo o de resolver la situación de otra manera; lo ideal es hablándolo. Esto es aplicable incluso en situaciones extremas. El criminal que está a mitad de un robo puede sentir el impulso de matar, pero, independientemente de su cerebro o de su trasfondo, sigue teniendo la opción de ceder a este impulso o de resistirse a él.

---

101. W. Penfield, *The Mystery of the Mind: A Critical Study of Consciousness and the Human Brain* (Princeton University Press, 1975), pp. 77-78.

El filósofo Michael Shermer describe esto como "el libre desalbedrío". En palabras de Shermer:

El libre desalbedrío es la capacidad de veto de innumerables impulsos neuronales que nos tientan a actuar de una manera, de modo que nuestra decisión de actuar de otro modo es una elección real.[102]

Libet publicó otro ensayo en 1999 destacando que él, de hecho, cree en el libre albedrío precisamente debido al libre desalbedrío. Llegó a la conclusión de que:

El rol del libre albedrío consciente sería... no iniciar un acto voluntario, sino más bien controlar si ese acto tiene lugar.[103]

¿ES COHERENTE EL DETERMINISMO CIENTÍFICO?

Sam Harris sostiene que "no hay una posición intelectual desde la que podamos negar [el determinismo duro]".[104] Aun así, si lo miramos más de cerca, este paradigma plantea muchos problemas. En el capítulo 1 perfilamos algunas preguntas útiles para probar una creencia o una cosmovisión: "¿Tiene coherencia interna?". "¿Tiene capacidad explicativa?" y "¿Se puede poner en práctica?". Vamos a formular estas preguntas sobre el determinismo duro.

¿Tiene coherencia interna?

El determinismo duro, ¿tiene sentido conforme a sus propios marcos de referencia? En realidad, no. El determinismo duro dificulta que alguien pueda afirmar una creencia. A

---

102. M. Shermer, "How Free Will Collides with Unconscious Impulses", *Scientific American*, 16 de julio de 2012.
103. B. Libet, "Do We Have Free Will?", *Journal of Consciousness Studies*, 1999, 6(8):54.
104. S. Harris, *Free Will* (Free Press, 2012), p. 4.

veces a las personas religiosas se las acusa de estar programadas para creer en Dios. Pero igualmente podríamos plantear el caso de que un ateo ha sido programado para rechazar a Dios, o que un agnóstico ha sido programado para nadar entre dos aguas. El determinismo duro no muestra ningún favoritismo hacia una creencia por encima de otra. Hace que las creencias personales sean difíciles de justificar, e imposibles de criticar… ¡incluyendo el determinismo duro!

El determinismo duro también socava cualquier fundamento para el debate racional, dado que bloquea nuestra capacidad de razonar. Si todos los pensamientos están impulsados por fuerzas irracionales y mecanicistas, la consecuencia lógica es que el producto de nuestras mentes no será racional. En otras palabras, el determinismo duro pone en cuestionamiento la racionalidad humana, lo cual hace a su vez que el determinismo duro sea incoherente. No pasa la primera prueba.

¿Tiene capacidad explicativa?

El determinismo duro, ¿explica al mundo que nos rodea? En realidad, no. Por ejemplo, el determinismo duro no explica el hecho de que los humanos nos esforcemos por ser autónomos. Algunos secularistas nos dicen que el libre albedrío es un espejismo, pero si eso es cierto, ¿por qué seguimos imaginando que es real? Buena parte de la vida gira en torno a conservar el control de las cosas: nuestra economía, nuestra forma física, las exigencias del trabajo. Queremos elaborar nuestras propias reglas, decidir nuestro destino, moldear nuestras vidas. Nos da mucho miedo perder el control sobre las cosas que son valiosas para nosotros. Pero ¿para qué luchar por la autonomía si la libertad humana es una ilusión? Aquí detectamos una gran contradicción. ¿Somos libres para tomar nuestras propias decisiones o no? ¿O incluso las reglas que creamos para nosotros mismos están determinadas y por consiguiente son irrelevantes? No podemos tener ambas cosas. En términos de su capacidad explicativa, el determinismo duro crea más confusión que claridad. No pasa la segunda prueba.

¿Se puede poner en práctica?

¿De verdad se puede vivir de forma auténtica el determinismo duro, encajándolo con nuestra experiencia de vida? En realidad, no. Vivimos como si nuestras decisiones significasen algo; como si esas decisiones las tomáramos como personas volitivas, y no gracias a la activación mecanicista de las neuronas de nuestros cerebros. Se nos considera moralmente responsables y, por lo tanto, dueños de nuestros actos, tanto buenos como malos. El determinismo duro amenaza con destruir por completo la responsabilidad moral. Komisarjevsky fue juzgado y condenado a seis cadenas perpetuas sin posibilidad de libertad condicional. Aun así, si sus actos del 23 de julio de 2007 fueron impulsados meramente por fuerzas que escapaban a su control, ¿por qué hay que castigarle? Los compatibilistas o deterministas "blandos" se han esforzado mucho para sostener que incluso si los perpetradores no podían actuar de otra manera siguen siendo moralmente responsables, porque han actuado en consonancia con sus propios deseos. Sin embargo, si el determinismo duro es cierto, desaparecen la responsabilidad moral y la necesidad de justicia, y reciben un golpe mortal las estructuras que nos preservan a nosotros como individuos y el funcionamiento de nuestra sociedad.

Según el determinismo duro, no solo no hay fundamentos para castigar la mala conducta, sino que tampoco los hay para recompensar la buena. La película ganadora de un Oscar *Hasta el último hombre* cuenta la historia de Desmond Doss, cristiano y pacifista, que sirvió en la Segunda Guerra

Mundial a pesar de que se había prometido no empuñar nunca un arma. Después de una matanza particularmente cruenta por parte de los japoneses, su pelotón se vio obligado a retirarse cuando llegó la noche, dejando a muchos heridos en el campo de batalla. Doss pasó toda noche rescatándolos, uno a uno, descolgándolos por el barranco con una cuerda que sostenía entre sus manos ensangrentadas. Actuando solo, logró salvar 75 vidas. Este tipo de sacrificio no es nada frecuente. Cuando lo vemos, remueve algo en lo más profundo de nuestro ser. Se conceden medallas, se instituyen actos conmemorativos, se hacen películas. Pero ahí está el problema: si no existe el libre albedrío libertario, no hay nada que honrar. Doss no podía haber actuado de otra manera. Sus genes, su trasfondo y su actividad cerebral fueron los impulsores de sus actos, nada más. Sin duda, la valentía es valentía precisamente porque la persona *podría* haber actuado de otro modo, pero sin embargo optó por no hacerlo. No vivimos como deterministas duros; vivimos confiando en que nuestras decisiones significan algo. No pasa la tercera prueba.

¿POR QUÉ EL LIBRE ALBEDRÍO?

Si es cierto que somos seres libres y volitivos, ¿con qué propósito lo somos? ¿Solo para poder complacernos a nosotros mismos? ¿O hay algún propósito aparte de hacer que la vida sea más interesante o placentera para nosotros, aparte de tener la posibilidad de elegir entre veinte tipos distintos de cereales, más allá de los nobles intentos de liberar a las personas y restaurar la libertad humana?

Según la cosmovisión cristiana, tenemos un grado de elección responsable porque somos creados por Dios, y hay aspectos de nosotros que reflejan aspectos de él. De hecho, el Dios que se revela en la Biblia, y de forma suprema por medio de Cristo, ha dotado a los humanos de la dignidad que supone tomar decisiones responsables, aunque existen muchos factores que nos influyen y nos afectan. Todos tenemos la capacidad y la responsabilidad moral de escoger amar u odiar; ayudar u obstaculizar; abrazar o rechazar.

Las decisiones son esenciales para las relaciones. Las relaciones románticas y las amistades comienzan y se perpetúan sobre la base de decisiones, además de sentimientos. Cuanto más profundo el compromiso, mayor es la importancia de la decisión. Dios está profundamente comprometido con nosotros y nos ofrece una relación, que es parecida y a la vez diferente a las que mantenemos con otras personas. Mi experiencia, y la de muchas otras personas, es que forjar una amistad con Dios es la experiencia más liberadora de todas. Dios desea que todas las personas lleguen a conocerle.[105] Y el propio Jesús dijo: "Venid a mí todos los que estáis trabajados y cargados, y yo os haré descansar" (Mt. 11:28). La amistad con él está al alcance de todos, pero comienza para aquellos que responden a su invitación. ¿Por qué? Porque Dios quiere relacionarse con nosotros como personas, no como robots.

C. S. Lewis, escritor y profesor de Literatura Inglesa en la Universidad de Oxford, describe su viaje desde el ateísmo al cristianismo en su autobiografía, *Sorprendido por la alegría*. Después de pasarse buena parte de su vida sin tener en cuenta a Dios, empezó a cambiar su forma de pensar, e incluso describe un momento concreto de "libre desalbebrío".

Lo curioso es que antes de que Dios me diera alcance, se me ofreció lo que ahora considero que fue un momento de libre albedrío. Estaba en el piso de arriba de

---

105. Por supuesto, dentro del cristianismo existen diversas opiniones sobre el grado de libertad de los seres humanos. Un libro que constituye un buen punto de partida es el de John Lennox, ¿Predeterminados a creer? (Andamio Editorial, 2019).

un autobús e íbamos subiendo por Headington Hill. Sin palabras y (creo yo) casi sin imágenes, me vino a la mente un dato sobre mi persona. Fui consciente de que estaba manteniendo algo a raya, o excluyendo algún elemento… Sentí que estaba en ese punto y que me ofrecían una elección libre. Podía abrir la puerta o mantenerla cerrada… Parecía una decisión trascendental, pero al mismo tiempo curiosamente exenta de emociones. No me agitaban deseos ni temores. En cierto sentido, no me agitaba nada. Opté por abrir, por desatar, por soltar las riendas. Digo "opté", pero lo cierto es que no parecía posible hacer lo contrario. Por otro lado, no era consciente de ningún motivo. Podrías decir que no fui un agente libre, pero me inclino más por pensar que aquel acto se acercó más que cualquier otro en toda mi vida a la libertad perfecta.[106]

Alcanzamos nuestra máxima libertad cuando le abrimos la puerta a Jesús. El libre albedrío hace posible la relación con Dios, lo cual puede explicar por qué algunos optan por despreciarla. Al tocar el tema del libre albedrío, nos jugamos el todo por el todo. La invitación está abierta a todos, pero la decisión, y la responsabilidad que esta conlleva, en última instancia es solo tuya.

---

106. C. S. Lewis, *Surprised by Joy* (William Collins, 2012), pp. 260-261.

6
¿Estamos programados para creer?

Vayamos donde vayamos en este mundo encontraremos prácticas religiosas, desde el hinduismo en India hasta el budismo en Japón, pasando por el islam en Oriente Medio y en zonas del sudeste asiático. Siguen apareciendo religiones nuevas, como los destacables y extraños "cultos del cargo" en las islas del Pacífico sur. Tras la llegada de la civilización occidental en la década de 1940, algunos isleños empezaron a creer que, si realizaban los rituales pertinentes, los dioses les entregarían "cargo", es decir, cargamentos de bienes occidentales. Usando paja, hicieron efigies de aviones y barcos y anhelaban la llegada de una época en que recibirían un cargamento de riquezas. Algunos isleños de Vanuatu llegaron incluso a crear una religión que adoraba al príncipe Felipe, duque de Edimburgo.

Actualmente, las expresiones religiosas occidentales adoptan muchas formas. Muchos prefieren buscar su yo interior por medio del yoga, la autoayuda y las prácticas de la Nueva Era usando los cristales y otras técnicas. Aún podemos ver la estela de aquel cristianismo cultural aburrido pero educado, pero también vemos a miles de jóvenes adorando a Dios en festivales de verano, y semanalmente en reuniones que giran en torno a expresiones nuevas de la Iglesia. Muchos de los que dicen que "no tienen religión" a menudo admitirán que en algún momento de sus vidas han orado. Donde quiera que vayamos, encontramos adoradores de algún tipo. ¿Qué nos dice esto sobre la religión? ¿Significa que, en algún sentido, todas las personas están programadas para tener creencias religiosas? Y si es así, ¿cómo perjudica esto el concepto de la realidad de Dios?

LA RELIGIÓN NATURAL

La ciencia cognitiva de la religión (CCR) es el estudio de lo que sucede en la mente y en el cerebro durante la creencia y la práctica religiosas, y es un área de investigación en pleno desarrollo. Muchos científicos cognitivos sostienen que hoy día se puede explicar la religión mediante los procesos naturales: lo que ellos llaman "religión natural". Describen cómo las personas de toda cultura y tradición, desde su primera infancia, tienen la tendencia innata a creer en lo sobrenatural o a ser supersticiosas. En todas las culturas se dan cierto número de intuiciones centrales, sobre todo en los niños pequeños. Entre ellas se cuentan la creencia en un Dios o dioses, en la existencia del alma y en la vida ultraterrena.[107] Según la CCR, los humanos tienden de forma natural a la creencia religiosa. En palabras de un escritor, estamos "programados para Dios".[108]

---

107. H. Whitehouse, "Cognitive Evolution and Religion: Cognition and Religious Evolution", en J. Bulbulia, R. Sosis, E. Harris, Russell Genet, C. Genet y K. Wyman (editores), *The Evolution of Religion: Studies, Theories, and Critiques* (Collins Foundation Press, 2008), pp. 19-29; J. B. Stump y A. G. Padgett, *The Blackwell Companion to Science and Christianity* (Wiley-Blackwell, 2012).
108. C. Foster, *Wired for God? The Biology of Spiritual Experience* (Hodder, 2011).

¿Hay algún motivo sobrenatural para esta programación integrada, o quizá la CCR le ha arrebatado la "magia" a la religión al justificarla? Según el ateo Daniel Dennett, la religión natural de hecho ha roto el hechizo que rodeaba la creencia en Dios.[109] El argumento sostiene que en la Edad Media la religión se consideraba algo misterioso y sobrenatural, pero hoy día la ciencia cognitiva ha demostrado que es un producto de la naturaleza y nada más. Las explicaciones sobrenaturales ya no son relevantes, y las deidades todavía menos.

¿Es esto cierto? Empecemos examinando tres intentos distintos de explicar la religión que no son mutuamente excluyentes. Primero, la religión es consecuencia de un error humano. Segundo, la religión es fruto de la evolución. Y tercero, la religión nace de nuestros genes.

1. UN LAMENTABLE ERROR

A menudo a los niños les da miedo la oscuridad. Tienen la tendencia a imaginar monstruos que viven debajo de su cama, y visitas de troles y de otras criaturas igual de terribles. Recuerdo una vez que, de niña, me desperté de madrugada, cuando todo estaba a oscuras, para ir al baño. Cuando entré, en un rincón estaba sentada amenazadoramente una criatura oscura. Por el motivo que fuera, pensé que era un gato (aunque nunca tuvimos uno en casa), y solté un alarido que despertó al resto de la familia. Mi madre acudió corriendo y encendió la luz. En realidad, el gato misterioso era la escobilla del baño.

Los investigadores de la CCR creen que las personas tienen lo que se denomina "sistema de detección de agentes hipersensible", o SDAH, que está integrado en los engranajes de su mente. Este instrumento nos permite detectar patrones y

---

109. D. C. Dennett, *Breaking the Spell: Religion As a Natural Phenomenon* (Penguin, 2007).

captar señales procedentes de nuestro entorno. En términos evolutivos, esto resultaría útil para darnos cuenta de cuándo hay algún depredador que supone un peligro. También esperaríamos que hubiera margen para muchos falsos positivos, porque cuando hay depredadores de por medio, cometer un error sería arriesgarse a morir. Mejor pecar de prudentes.

Una línea de pensamiento sostiene que, dado que este instrumento es hipersensible, comete muchos errores y no es fiable. En otras palabras, los humanos tenemos la tendencia natural a creer en cosas que, sencillamente, no existen. Somos propensos a cometer errores cuando pensamos. Imaginamos que algunas cosas son reales cuando no lo son. Vemos gatos en la oscuridad. Cuando se oye algún golpe en casa, nos preguntamos si se habrá colado un intruso. Establecemos conexiones entre sucesos y buscamos patrones cuando, en realidad, no hay ninguno. Bailamos y rezamos ante objetos inanimados para que nos protejan, pero son tan irreales como las sombras de los rincones que nos amedrentan cuando no hay luz.

Los científicos han descrito de varias maneras esta capacidad para creer. Algunos la han atribuido a los errores de la mente humana.[110] Otros han argüido que la religiosidad viene determinada por el nivel de dopamina, una sustancia química presente en el cerebro de forma natural, que puede conducir a errores en la toma de decisiones.[111] Hay otros que han descrito la creencia religiosa como una enfermedad psiquiátrica. Richard Dawkins cree que los teístas están tan

---

110. Ver, por ejemplo, S. Atran, *In Gods We Trust: The Evolutionary Landscape of Religion* (Oxford University Press, 2002); P. Boyer, *Religion Explained: The Evolutionary Origins of Religious Thought* (Basic Books, 2001); J. Bering, *The Belief Instinct: The Psychology of Souls, Destiny, and the Meaning of Life* (W. W. Norton & Co, 2011).

111. P. Krummenacher, C. Mohr, H. Haker y P. Brugger, "Dopamine, Paranormal Belief, and the Detection of Meaningful Stimuli", en *Journal of Cognitive Neuroscience*, 2010, 22(8):1670-81.

equivocados que alucinan,[112] hasta el punto de que ha parafraseado al escritor y filósofo norteamericano Robert Pirsig, diciendo que:

Cuando una persona delira, se le llama locura. Cuando muchas personas deliran, se le llama religión.[113]

¿Nos equivocamos al pensar que nos equivocamos?

El problema con estos paradigmas es que dan por hecho que la persona que describe su posición no está sujeta a los mismos errores. La creencia de que la religión es fruto del error podría ser un error. La creencia de que la religión es un engaño podría ser un engaño. Quizá la opinión de que los religiosos están equivocados establece una conexión que no existe. Están atrapados en la misma trampa lógica que los deterministas duros: su postura hace que sea imposible decir nada significativo.

El Dr. Michael Murray, de la John Templeton Foundation, hace la observación de que el contexto de una creencia influye en si esta es o no digna de confianza.[114] Por lo general, mi sentido del oído es fiable cuando me ayuda a formar creencias sobre mi entorno, excepto cuando estoy bajo el agua o cuando tengo los oídos tapados. El contexto respalda la fiabilidad. En condiciones óptimas, podemos pensar que nuestro SDAH es fiable. Muy a menudo pensamos que hemos oído que alguien llamaba a la puerta y está esperando

---

112. Richard Dawkins, *El espejismo de Dios.* (Espasa Libros, 2012).
113. Atribuido a Pirsig en el Prefacio a *The God Delusion*, p. 28. Quizá se trate de una paráfrasis de la siguiente cita de R. M. Pirsig *Lila - An Inquiry Into Morals* (Alma Books, 2011): "Es imposible que todo un grupo sostenga un espejismo enajenado. A una persona no se le considera loca si hay más personas que creen lo mismo que ella. La locura no se considera una enfermedad transmisible. Si alguna otra persona, o quizá dos o tres, comienzan a creer en lo que dice, entonces es una religión".
114. M. J. Murray, "Four Arguments That the Cognitive Psychology of Religion Undermines the Justification of Religious Belief", en J. A. Bulbuli (editor), *The Evolution of Religion: Studies, Theories and Critiques* (Collins Foundation Press, 2008), p. 394.

al otro lado. Ese sonido que se oye de noche es el bebé que llora. Nuestros instintos tienen razón. Solo en unas condiciones menos que óptimas tendría sentido asumir que nuestras antenas de detección sensorial están estropeadas.

Todas las religiones y ninguna

Una encuesta realizada por el Pew Research Centre en 2015 demostró que, al nivel mundial, existen cinco categorías principales de creencia religiosa: el cristianismo (31, 2 %), el islam (14, 1 %), la ausencia de religión (que incluye el ateísmo y el agnosticismo)* (16 %), el hinduismo (15, 1 %) y el budismo (0, 5 %).† Las religiones populares (0, 4 %) y otras religiones (0, 1 %) son muy numerosas, y hacen que la cifra total de religiones sea de varios miles. Si es cierto que tenemos este SDAH y que es responsable de generar las creencias religiosas, ¿por qué nos iba a conducir a una gama tan amplia de posibilidades religiosas, que a menudo se contradicen entre sí? ¿Por qué no solo una religión? La incoherencia de este enfoque demuestra que no podemos fiarnos de él, ¿no?

Aquí tenemos que formular una pregunta importante. ¿Puede la CCR explicar *por completo* la fe religiosa? La pregunta que hicimos al principio de este libro vuelve a ser importante ahora: "¿Soy solo un cerebro?". Si es así, las explicaciones naturales de la religión son todo lo que existe y todo lo que existirá. Pero si soy *más* que un cerebro, habrá otros factores que contribuyan a la creencia religiosa. La CCR pretende explicar por qué manifestamos tendencias religiosas *en general*, pero la educación y la cultura influirán en la religión *específica* que adoptemos. Murray comenta:

---

* A las que en la encuesta del Pew Centre se califica de "no afiliadas".

† pewforum.org/2017/04/05/the-changing-global-religious-landscape (consultada el 8 de enero de 2019).

El SDAH me dice que hay "un agente"; mis creencias sobre el tipo de fauna que habita en esta zona me llevan a concluir que el agente es un oso, un tigre o el Coco. Si tú decides que es un oso y yo digo que es el Coco, esto no demuestra que el SDAH sea poco fiable; demuestra que mi madre se equivocó al enseñarme que el Coco existía.[115]

Las estadísticas sobre las religiones mundiales nos recuerdan que sea cual sea el país o la cultura, encontraremos adoradores. En este sentido, el SDAH es fiable.

2. ¿LA SUPERVIVENCIA DE LOS RELIGIOSOS?

Una segunda línea de pensamiento sobre por qué la religión podría ser "natural" es porque ha ayudado a sobrevivir a los más aptos. Según algunos científicos, las respuestas no se encuentran en los cielos, sino en nuestros antepasados. La creencia en un ser superior ha ayudado a la raza humana a sobrevivir y ha sido beneficiosa para la sociedad. ¿Cómo puede haber sucedido esto?

Primero, la creencia religiosa proporciona cohesión a las comunidades, especialmente cuando sus miembros no están relacionados genéticamente. Teniendo una causa común, las familias colaboran mejor, volviendo más probable la supervivencia de las comunidades. Segundo, la creencia en un ser superior proporciona un sentido de significado, propósito y bienestar que es más probable que aboque a la reproducción.[116] Tercero, la percepción de que estamos siendo observados fomenta la buena conducta, al igual que la presencia de radares en la carretera hace que los conductores reduzcan la velocidad. La buena conducta lleva a la armonía relacional

---

115. M. J. Murray, p. 395.
116. I. Pyysiäinen y M. Hauser, "The Origins of Religion: Evolved Adaptation or By-Product?", *Trends in Cognitive Sciences*, 2010, 14(3):104-9.

y a un aumento de las posibilidades de sobrevivir. Quizá podríamos llamar a esto "el efecto Gran Hermano".[117] Hasta aquí, todo suena plausible.

Pero, exactamente, ¿cómo podrían los procesos de la naturaleza dar pie a creencias religiosas? Existen dos teorías principales. La primera dice que la creencia religiosa es una *adaptación* biológica. En otras palabras, la religión ha sido seleccionada *directamente* durante el curso de la evolución debido a sus beneficios.[118] La segunda teoría sostiene que la creencia religiosa es un producto *indirecto* de la evolucion.[119] El cerebro humano ha desarrollado la capacidad de razonar, de pensar en términos abstractos y resolver problemas en beneficio de las comunidades. La creencia religiosa "ha llevado a caballito" los procesos existentes. Según este paradigma, la creencia religiosa es un *producto secundario* de la evolución. Sea como fuere, los científicos están de acuerdo en que la arquitectura cognitiva que sostiene a la creencia religiosa ha ayudado a la humanidad a sobrevivir.

¿Piensas con claridad?

Ciertamente, estas teorías no descartan a Dios, y podrían estar describiendo los medios por los que se han desarrollado las antenas espirituales de la humanidad. Sin embargo, vale la pena preguntarse por qué ya de entrada tenemos

---

117. K. J. Clark y J. T. Winslett, "The Evolutionary Psychology of Chinese Religion: Pre-Qin High Gods as Punishers and Rewarders", *Journal of the American Academy of Religion*, 2011, 79(4):928-60.

118. J. Dominic y B. Jesse, "Hand of God, Mind of Man: Punishment and Cognition in the Evolution of Cooperation", *Evolutionary Psychology*, 2006, 4(1); D. P. P. Johnson y O. Kruger, "The Good of Wrath: Supernatural Punishment and the Evolution of Cooperation", en *Political Theology*, 2004, 5:159-76.

119. P. Boyer, *Religion Explained: The Evolutionary Origins of Religious Thought* (Basic Books, 2001); P. Boyer, "Are Ghost Concepts 'Intuitive', 'Endemic' and 'Innate'?", en *Journal of Cognition and Culture*, 2003, 3(3):233-43; P. Boyer, *The Naturalness of Religious Ideas: A Cognitive Theory of Religion* (University of California Press, 1994).

facultades cognitivas fiables. El filósofo Alvin Plantinga ha señalado que la propia existencia de una mente digna de confianza tiene más sentido si un ser supremo ha supervisado el proceso de creación.[120] Si la materia es lo único que existe, el proceso evolutivo "no tiene la obligación" de generar mentes capaces de tener pensamientos veraces y claros sobre nada, y no digamos ya sobre nada de índole religioso. El objetivo sería crear mentes capaces de sobrevivir, no de ofrecer fiabilidad cognitiva. Los intentos por explicar nuestras facultades cognitivas desde el interior de un universo de materia sin sentido dejan en mal lugar las propias mentes de las que surgieron esos argumentos. En palabras del profesor John Lennox, semejante enfoque "no tira piedras sobre su propio tejado, sino sobre su propia cabeza".[121]

Algunos rebaten esta objeción diciendo que la verdad sería necesaria para la supervivencia.[122] La verdad sobre si hay un depredador cercano o un insecto letal podría ser cuestión de vida o muerte. Por consiguiente, es concebible que en algunas circunstancias la evolución pudiera seleccionar a quienes tuvieran una percepción precisa de su entorno.

Puede que esto sea así, pero tal como han indicado C. S. Lewis y otros, el materialismo no ofrece la *mejor* explicación de la racionalidad y del pensamiento de alto nivel que solo tienen los seres humanos. ¿Por qué un proceso no racional daría pie necesariamente a una mente racional y confiable? Aun así, si un ser consciente y racional está detrás del cosmos, tenemos fundamentos para hablar sensatamente

---

120. Alvin Plantinga, *Where the Conflict Really Lies: Science, Religion, and Naturalism* (Oxford University Press, 2011).

121. John C. Lennox, "Belief in God in 21st Century Britain", National Parliamentary Prayer Breakfast, 25 de junio de 2013.

122. J. S. Wilkins y P. E. Griffiths, "Evolutionary Debunking Arguments in Three Domains: Fact, Value, and Religion", en G. W. Dawes y J. Maclaurin (editores), *A New Science of Religion* (Routledge, 2013), pp. 133-46.

sobre la cognición. Nuestras facultades cognitivas pueden ser dignas de confianza porque Dios existe.

3. ¿HAY UN GEN PARA DIOS?

Algunos llevan los argumentos que defienden la religión natural al ámbito de la genética. Si tendemos por naturaleza hacia la religión, ¿ese impulso surge de nuestros genes? En otras palabras, ¿existe el gen de Dios? En 2004, el genetista Dean Hamer publicó un libro titulado *El gen de Dios: la investigación de uno de los más prestigiosos genetistas mundiales acerca de cómo la fe está determinada por nuestra biología*. Esta idea empezó a circular por todas partes, e incluso la recogió la revista *Time* ese mismo año. Sin embargo, el libro de Hamer evidenció que no estaba a la altura en determinadas áreas, y dentro de la comunidad científica lo recibieron con escepticismo. La revista *Time* no informó de que el libro de Hamer se había recibido con frialdad en el mundo académico, porque eso no genera artículos sensacionalistas. Pero la idea de que la religiosidad descansa sobre un solo gen es, sencillamente, falsa. No existe el gen de Dios.

¿Cómo sabemos esto? Lo sabemos gracias a múltiples estudios sobre gemelos idénticos, que tienen exactamente los mismos genes pero a menudo distintos grados de religiosidad.[123] Estos estudios han demostrado que existen algunos leves vínculos genéticos con conductas tales como el "autoolvido" y "autotrascendencia". Sin embargo, esos nexos están repartidos entre muchos genes distintos, no están vinculados con un solo gen. Además, la capacidad de no pensar

---

123. N. G. Waller, B. A. Kojetin, T. J. Bouchard, D. T. Lykken y A. Tellegen, "Genetic and Environmental Influences on Religious Interests, Attitudes, and Values: A Study of Twins Reared Apart and Together", en *Psychological Science* 2017, 1(2):138-42; L. Eaves, "Genetic and Social Influences on Religion and Social Values", en M.A. Jeeves (editor), *From Cells to Souls—and Beyond: Changing Portraits of Human Nature* (W.B. Eerdmans, 2004), pp. 102-22.

en uno mismo o de pensar más allá de uno mismo no está restringida a las personas religiosas. Los irreligiosos también son capaces de estas cosas. La ciencia demuestra que la espiritualidad es tremendamente compleja, y que por consiguiente no existe un gen para Dios.

Es interesante que los estudios sobre gemelos demostrasen que la educación tiene un efecto más potente que la genética. Las creencias que adoptas de adulto suelen ser aquellas con las que has crecido. Pero ni siquiera esto explica cómo surgen algunas de las creencias. ¿Cómo explicas que haya padres cristianos que tienen hijos no creyentes? ¿O padres no creyentes que tienen hijos que se hacen cristianos, que es el caso de incontables personas por todo el mundo? Además, ¿cómo explicar el hecho de que algunas de las comunidades cristianas de crecimiento más acelerado se encuentran en países donde la religión estuvo prohibida en las generaciones anteriores? En China, el presidente Mao se propuso erradicar por completo la religión, quemando los libros religiosos contenidos en una biblioteca tras otra. Sin embargo ahora, y a pesar de que sigue habiendo persecución, China tiene una de las iglesias de mayor crecimiento de todo el mundo, con una membresía de alrededor de cien millones de personas. La educación juega un papel, pero no garantiza los resultados.

El hecho de que no haya un gen para Dios se puede entender tanto como una buena noticia como una mala. La buena noticia es que tus genes no te obligarán a creer en algo que no quieres aceptar. La mala es que no podemos culpar a nuestros genes de nuestras decisiones. Creer o no en Dios sigue siendo una elección. Todos tenemos todo el ADN necesario para creer.

¿Y SI DIOS EXISTE?

La ciencia cognitiva de la religión, ¿ha "roto el hechizo" que rodea la creencia en Dios? En realidad, no. La CCR, como disciplina científica, no nos pide que lleguemos a esta conclusión. Lo que nos lleva ahí son nuestras creencias y nuestras opiniones. Las explicaciones naturales de las tendencias religiosas no dicen nada sobre si Dios existe de verdad o no. Eso sería un poco como decir que el conocimiento del diseño de software detrás de Facebook descarta la existencia de Mark Zuckerberg. Entendemos cómo funciona la mente, pero eso no indica necesariamente que Dios no existe.

¿Y si estamos programados porque Dios existe? Justin Barrett, profesor de psicología en el Fuller Theological Seminary, ha comparado nuestras facultades cognitivas con una radio.[124] Comprender cómo funciona una radio no responde a la pregunta de si "ahí fuera" hay alguien emitiendo. Tampoco responde a la pregunta de si es correcto y beneficioso sintonizarse. Lo único que nos dice es que hay una radio que es capaz de captar señales. ¿Quizá este cableado existe porque Dios nos ha creado con la capacidad natural de conectarnos con él?

El cristianismo natural

Justin Barrett cree que muchos aspectos de la "religión natural" son extensibles a la fe cristiana. En otras palabras, algunas partes del cristianismo gozan de "naturalidad". Por ejemplo, según la religión natural, la gente tiene la intuición natural de que el universo lo creó intencionadamente un ser sobrenatural. Dentro del cristianismo, esto se traduce en la creencia de que el universo fue creado por el Dios de la Biblia. También, la intuición natural de que una persona es algo más que su cuerpo se traduce en la creencia cristiana

---

124. J. L. Barrett, "Toward a Cognitive Science of Christianity", en J. B Stump y A. G. Padgett (editores), *The Blackwell Companion to Science and Christianity* (Wiley-Blackwell, 2012), p. 329.

de que los humanos tienen un alma.[125] Parte de la "naturalidad" de la religión puede aplicarse sin problemas a la fe cristiana.

En la Biblia también aparece la idea de que todos los seres humanos tienen la capacidad innata y natural de conocer a Dios y de relacionarse con él. El apóstol Pablo, en su carta a la Iglesia de Roma, menciona este concepto, aunque lo hace desde un ángulo distinto. Dice que Dios no se esconde. El Dios invisible se hace visible en la naturaleza para que todos lo vean. Además, los humanos tienen la capacidad natural de considerar al Dios invisible basándose en lo que ven alrededor de ellos. Pablo escribe:

> *...porque lo que de Dios se conoce les es manifiesto, pues Dios se lo manifestó. Porque las cosas invisibles de él, su eterno poder y deidad, se hacen claramente visibles desde la creación del mundo, siendo entendidas por medio de las cosas hechas, de modo que no tienen excusa. (Romanos 1:19-20).*

Según la cosmovisión cristiana, "las cosas invisibles de Dios" se pueden apreciar "por medio de las cosas hechas". Los procesos naturales no implican necesariamente un origen natural. Estos versículos nos dicen que los procesos naturales pueden "verse y entenderse claramente", y que nos hablan del "poder eterno y la deidad" de Dios. Los procesos naturales señalan a un origen sobrenatural, y lo hacen de tal manera que es fácil de ver.

¿Quid pro quo?

Hace unos pocos años, una de mis amigas tuvo un hijo, y decidí preparar algo de comida para la familia y llevársela.

---

125. Barrett, p. 323.

Como yo misma tenía niños pequeños, me quedaba muy poco tiempo o energía para que se me ocurriesen opciones originales. Al final me acerqué a su casa con unas pizzas congeladas y una tarrina de helado. Al cabo de un par de semanas esa misma amiga, a pesar de tener un recién nacido, estaba a la puerta de mi casa con un regalo. Ese intercambio de favores me recordó un rasgo profundamente integrado en nuestra humanidad. Vivimos en un mundo de dar y tomar. Si alguien nos invita a cenar, nos apuntamos mentalmente que en algún momento de los meses siguientes tenemos que devolverle la invitación. Los amigos que se acuerden de tu cumpleaños recibirán una postal tuya en su cumpleaños. Los que no se acuerden no recibirán una felicitación por escrito aunque lo hayas recordado. A las personas que le dan "me gusta" a tus publicaciones en las redes sociales les devolverás el favor. Según parece, estamos programados para el *quid pro quo*.

Sin embargo, el cristianismo gira en torno a alguien que recibe el golpe para que otras personas salgan ganando. Es alguien que ama *a pesar de*, no *debido al* amor que le mostraron. Alguien que lleva la carga de nuestros errores y remordimientos, a pesar de no tener ninguno propio. Alguien que muere para que otros vivan, tanto en esta vida como en la siguiente. Este acto de amor altruista, ¿no contradice directamente la religión natural?

Los biólogos evolucionistas afirman que en la naturaleza también se dan casos de altruismo, que se producen cuando "la conducta [de un organismo] beneficia a otros organismos aun a costa de sí mismo".[126] Por ejemplo, los monos vervet advierten a su grupo de la llegada de depredadores profiriendo un grito que ayuda a los otros monos, pero que

---

126. plato.stanford.edu/entries/altruism-biological/ (consultada el 8 de enero de 2019).

aumenta la probabilidad de que los cacen a ellos. Las colonias de hormigas contienen obreras estériles que solo cuidan de la reina, para maximizar la descendencia.

Aunque estos casos infrecuentes resultan intrigantes, los críticos responden que estos no son casos de altruismo en el sentido que estamos utilizando aquí.[127] El "coste" biológico se mide en términos de la aptitud reproductiva. Si un organismo reduce el número de sus descendientes para permitir que aumenten los de otro, esto se considera un gesto altruista. Pero esto es muy diferente de la intención consciente de ayudar a otros en detrimento de uno mismo. Presumiblemente, el reino animal no es capaz de actuar con altruismo. El altruismo en la naturaleza del que hablan los biólogos es muy distinto al amor desinteresado y sacrificado de una persona hacia otra.

¿Programados para la gracia?

En la esencia de la fe cristiana hallamos algo muy antinatural. Jesucristo nos ha reconciliado con Dios al destruir el pecado que nos separa de él. En la cruz, Jesús entregó voluntariamente su vida para que la relación rota entre Dios y el mundo pudiera restaurarse. Si es cierto que Dios ha hecho esto por nosotros, nos toca decidir si aceptamos o no esa mano amiga.

Esto se conoce como "la gracia de Dios". Pero la gracia no encaja bien en un mundo de *quid pro quo* y contradice la religión natural.[128] Incluso quienes llevan mucho tiempo siendo cristianos tienen que resistirse a la idea de que la amistad con Dios depende del número de horas que pasan dedicados a la oración, leyendo la Biblia o ayudando a otros.

---

127. plato.stanford.edu/entries/altruism-biological/#ButItReaAlt (consultada el 8 de enero de 2019).
128. Barrett, p. 327.

Depende de lo que ha hecho Jesús por nosotros en la cruz, y de si lo aceptamos y le seguimos. Nuestro instinto natural nos induce a escalar el muro hacia el cielo mediante un *quid pro quo* con Dios, pero en Jesús ha sido el cielo el que ha descendido hasta nosotros. La gracia de Dios es el factor que nos libra de nosotros mismos y nos da la libertad de ser nosotros mismos. Nos libera para perdonar, ser perdonados y empezar de nuevo. Quienes entienden lo que es la gracia pueden unirse a John Newton, un rudo traficante de esclavos que acabó siendo sacerdote, cuando dijo:

Sublime gracia del Señor que a un infeliz salvó.[129]

La gracia no tiene nada de natural. La gracia es algo más que simplemente "antinatural". La gracia es sobrenatural. Lo mismo podría decirse de toda una batería de otras creencias que son esenciales para el cristianismo, incluyendo el nacimiento virginal, la encarnación y la muerte de Jesús. Quizá lo más antinatural de todo sea la resurrección de Jesús, de la que hablaremos más en el capítulo 7. El curso natural de las cosas dicta que las personas muertas sigan estándolo. Sin embargo, el cristianismo es sobrenatural en su esencia, porque insiste en que los muertos resucitan y, por consiguiente, que la religión natural no puede ser la historia completa.

¿Estamos "programados" para creer? En cierto sentido sí, y en otro no. Todos contamos con el equipamiento cerebral necesario para conectarnos con Dios, pero ni nuestros genes ni nuestras facultades cognitivas nos obligan a hacerlo. Sin duda, no estamos programados para el amor inmerecido de Dios que solo nos pide una respuesta. La gracia se recibe, no se gana. La gracia es antinatural; la gracia es sobrenatural.

---

129. John Newton, "Amazing Grace", 1779.

7
La experiencia religiosa, ¿es tan solo actividad cerebral?

L a epilepsia del lóbulo temporal (ELT) es un trastorno en el que una parte del cerebro está hiperactiva y provoca crisis epilépticas. Justo antes de un episodio, la persona experimenta lo que se conoce como "aura", un estado en el que pueden surgir sentimientos de temor reverente, éxtasis y en ocasiones la percepción de "una presencia divina". El novelista Fiódor Dostoyevski padecía este trastorno, y escribió sobre su epilepsia mediante novelas como *El idiota* y *Los endemoniados*.

El neurocirujano Wilder Penfield, al que ya conocimos en capítulos anteriores, desarrolló un tratamiento de la ELT conocido como "el procedimiento Montreal", que conlleva la estimulación quirúrgica del lóbulo temporal. Penfield descubrió que a veces los pacientes decían sentirse "fuera del cuerpo" durante el tratamiento,[130] lo cual plantea algunas

---

130. W. Penfield y T. B. Rasnussen, "The Cerebral Cortex of Man" (Macmillan, 1950), en G.R. Habermas y J. P. Moreland, *Beyond Death: Exploring the Evidence for Immortality* (Wipf & Stock, 2004), p. 168.

preguntas interesantes. ¿Inducía el procedimiento Montreal cierto tipo de experiencia religiosa?

El tema de la experiencia religiosa es inaccesible a muchos de nosotros. Es posible que solo aparezca en nuestro radar cuando un primo segundo se va de viaje "para encontrarse a sí mismo" o cuando un amigo de la universidad se fuma algo no recomendable o se pone a practicar yoga. Estas observaciones de pacientes con epilepsia, ¿confirman lo que muchos han creído durante años, es decir, que los encuentros religiosos pueden explicarse sencillamente como actividad cerebral?

En lo que va de siglo, los neurocientíficos han publicado una gran cantidad de investigaciones que demuestran que muchas regiones del cerebro están activas durante diversas prácticas religiosas.[131] Estos descubrimientos, ¿han reducido la experiencia religiosa convirtiéndola en un fenómeno totalmente natural? ¿Somos de nuevo solamente nuestro cerebro? Lo que solíamos considerar un encuentro con "lo divino", ¿no es más que una serie de manipulaciones cerebrales? ¿Ha llenado la neurociencia un vacío expulsando a Dios?

Mientras que en el capítulo anterior planteábamos si la *creencia* religiosa puede explicarse por la naturaleza, este capítulo formulará preguntas parecidas sobre la *experiencia* religiosa. La experiencia religiosa es el punto en el que la neurociencia se infiltra en la teología, y desde la década de 1990 este campo ha recibido el nombre de "neuroteología".

¿QUÉ QUEREMOS DECIR CON "EXPERIENCIA RELIGIOSA"?

La expresión "experiencia religiosa" es muy amplia y abarca toda una gama de creencias y de prácticas. La obra clásica

---

131. www.issr.org.uk/issr-statements/neuroscience-religious-faith/ (consultada el 8 de enero de 2019).

del psicólogo William James (1842-1910), *Variedades de la experiencia religiosa*,[132] sigue considerándose una de las contribuciones más importantes a este campo. Según el *Oxford Dictionary of Philosophy*, una experiencia religiosa se define como "toda experiencia que lleva como contenido la presencia de algo divino o trascendente".[133] Las experiencias religiosas pueden ser públicas y tenerse junto a otras personas, o pueden ser privadas y experimentarse a solas. Pueden implicar factores que son normales para la vida, como palabras que entendemos, o pueden trascender nuestra realidad cotidiana, como las experiencias más místicas. Pueden ser breves y dramáticas o pueden generar a largo plazo una sensación general de la guía divina o de paz. Pueden tener lugar durante una práctica religiosa que haya iniciado la persona, como la oración, la meditación o el canto, o pueden suceder sin haberlas buscado, como la experiencia que tuvo el apóstol Pablo en el camino a Damasco (ver Hch. 9).

"Experiencia religiosa" puede significar muchas cosas distintas, de modo que centraremos nuestra exposición en algunas preguntas concretas.

¿Está Dios en el lóbulo temporal?

La primera pregunta que tocaremos es esta: ¿hay algún lugar en el cerebro humano asignado a las actividades religiosas y a Dios? Penfield obtuvo algunos resultados interesantes de la estimulación del lóbulo temporal. ¿Podría este ser un "punto de Dios" que está activo en las personas religiosas y menos en los agnósticos, los ateos y los que no tienen ninguna religión? El concepto de un punto o un módulo de Dios obtuvo

---

132. William James, *The Varieties of Religious Experience* (Longmans, Green & Co., 1902).
133. *Oxford Dictionary of Philosophy* (OUP, 2008).

cierta aceptación en la década de 1990,[134] llevando a la aparición de libros como *Where God Lives in the Human Brain* ("Dónde vive Dios dentro del cerebro humano").[135]

Muchos se mostraron escépticos ante esta idea, porque dejaba entrever que la mayoría de pacientes no describía en términos religiosos el aura previa al ataque de epilepsia, sino que tendía a utilizar el lenguaje cotidiano que incluía gustos, aromas, recuerdos, emociones, alegría y demás. Si los propios pacientes no creían estar teniendo un encuentro espiritual, el concepto de un "punto de Dios" se debilita. El grado en que se describía el aura como un efecto religioso dependía más de las creencias preexistentes de la persona que de su actividad cerebral *per se*. Además, actualmente los neurocientíficos hablan más de redes cerebrales que de "puntos" individuales. La actividad religiosa, como veremos más adelante, involucra a toda una red de regiones, no solo a un lóbulo aislado.

Es decir, que la experiencia religiosa no puede reducirse a la actividad cerebral en los lóbulos temporales. De la misma manera que no existe un "gen de Dios", tampoco hay un "punto de Dios".

El "casco de Dios"

A pesar de esto, el neurocientífico y filósofo Michael Persinger siguió persiguiendo la idea del "punto de Dios", esta vez en voluntarios sin epilepsia. Persinger quería ver si podía llevarles a tener experiencias religiosas mediante la estimulación de sus lóbulos temporales usando la estimulación magnética transcraneal (EMT). La señal se aplicaba al cerebro usando un casco, que al principio se llamó "casco de Koren"

---

134. V. S. Ramachandran, "The Neural Basis of Religious Experiences", Society for Neuroscience Conference Abstracts 1997:1316.
135. C. R. Albright y J. B. Ashbrook, *Where God Lives in the Human Brain* (Sourcebooks, 2001).

por el nombre de su inventor, Stanley Koren, pero que al final la prensa rebautizó como "el casco de Dios", es decir, el casco que generaba "la sensación de Dios".

Según Persinger, el 80% de las personas que se pusieron el casco informó de "la sensación de una presencia", que algunos voluntarios describieron como mística o religiosa. Aparte de esto, los ateos que tomaron parte en el experimento dieron resultados muy diferentes. Susan Blackmore sintió emociones muy intensas, incluyendo la ira, pero no "la sensación de una presencia". Richard Dawkins no sintió más que se le contraía la pierna izquierda.[136]

Los resultados de Persinger recibieron reseñas variopintas. Algunos los interpretaron como la evidencia de que la creencia en Dios y la experiencia religiosa estaban íntimamente relacionadas con la actividad del lóbulo temporal derecho. Otros consideraron que los resultados eran discutibles, por diversos motivos. Primero, *algunos* voluntarios sintieron "una presencia" incluso sin la EMT, de modo que la fuerza de la sugestión podía haber tenido su papel. Segundo, los datos no se repetían fácilmente. Tercero, la potencia del campo de EMT era significativamente más débil de las que se usan normalmente en la investigación, y no se consideró lo bastante intensa como para producir cambios en el cerebro.

Aun si Persinger se las hubiera arreglado para inducir una experiencia religiosa artificial, esto no pone en duda *todas* las experiencias religiosas. Los filósofos sostienen que, si pudieran estimular artificialmente el nervio óptico para generar la experiencia visual de una manzana, esto no pondría en duda la existencia de las manzanas.[137] Más bien, solo nos ayudaría a comprender algunas de las regiones cerebrales y los

---

136. C. Foster, *Wired for God? The Biology of Spiritual Experience* (Hodder, 2011), p. 56.
137. V. S. Ramachandran, *The Tell-Tale Brain: Unlocking the Mystery of Human Nature* (Windmill, 2012), p. 116.

mecanismos implicados en la experiencia visual. No llegaríamos de ningún modo a la conclusión de que las manzanas son ilusorias. Lo mismo es aplicable a la experiencia religiosa. Incluso si *se pudiera* generar artificialmente una experiencia religiosa, esto no significa que todas ellas sean ilusorias.

La oración cristiana y la meditación budista

¿Qué sucede en el cerebro cuando la gente ora? Durante los últimos treinta años, se han usado las técnicas de imagenología cerebral para observar el interior del cerebro durante un gran número de prácticas religiosas diferentes. Neurocientíficos como el profesor Andrew Newberg han sido pioneros en la investigación de la meditación, los rituales y los estados de trance budistas, la oración cristiana y también de un tipo más inusual de oración cristiana llamada "hablar en lenguas"; en otras palabras, orar en lo que se cree que es un lenguaje sobrenatural.[138] Un estudio de 2009 hizo una lista de cuarenta regiones cerebrales distintas involucradas en la oración y en la meditación,[139] lo cual demuestra que el cerebro está muy activo durante cualquier actividad religiosa.

Si el cerebro parece conectar fácilmente con todo tipo de práctica religiosa, ¿significa esto que esas religiones son esencialmente la misma? ¿Nos dice esto que nuestras neuronas neutralizan las diferencias entre las religiones? Bueno, la neurociencia sugiere que no es así. Hasta el momento, los estudios indican que según el tipo de oración se dan patrones

---

138. A. Newberg, A. Alavi, M. Baim, M. Pourdehnad, J. Santanna y E. d'Aquili, "The Measurement of Regional Cerebral Blood Flow During the Complex Cognitive Task of Meditation: A Preliminary SPECT Study", en *Psychiatry Research: Neuroimaging*, 2001, 106(2):113-22; A. B. Newberg, N. A. Wintering, D. Morgan y M. R. Waldman, "The Measurement of Regional Cerebral Blood Flow During Glossolalia: A Preliminary SPECT study", *Psychiatry Research: Neuroimaging Psychiatry Research: Neuroimaging*, 2006, 148(1):67-71.

139. W. S. Brown, "Neuroscience and Religious Faith", The International Society for Science and Religion [Internet], 2017, www.issr.org.uk/issr-statements/neuroscience-religious-faith (consultada el 8 de enero de 2019).

de actividad distintos. Por ejemplo, cuando se ora a un ser personal, se recurre a las áreas asociadas con las relaciones interpersonales, mientras que en la meditación budista, que es más indefinida, se utilizan distintas redes cerebrales. Nuestro conocimiento de esta área sigue en vías de desarrollo, y puede que sea demasiado pronto para sacar conclusiones firmes, pero no cabe duda de que el cerebro no procesa todas las prácticas religiosas de manera idéntica.

Las preguntas sobre la validez de las distintas religiones mundiales trascienden la neurociencia, llegando hasta la filosofía y la teología. Las preguntas planteadas en el capítulo 1 constituyen un marco útil para evaluar una religión: ¿Tiene coherencia interna? ¿Tiene capacidad explicativa? ¿Se puede poner en práctica? El resto de este capítulo se centrará concretamente en la experiencia religiosa dentro de la fe cristiana.

LA PRESENCIA DE ACTIVIDAD CEREBRAL, ¿INDICA QUE LA EXPERIENCIA NO ES REAL?

Los descubrimientos de Newberg y de otros plantean una pregunta interesante. La presencia de actividad cerebral durante la oración, ¿significa que todo está en tu cabeza? ¿Significa la actividad cerebral que ese encuentro no es real?

No necesariamente.

En la oración hay mucho más que mera actividad cerebral. El simple hecho de saber en qué punto del cerebro puede estar sucediendo algo no quiere decir que hayamos explicado totalmente esta práctica.

A muchísimas personas les encanta el chocolate. A mí me entusiasma. No solo es estupendo el sabor, sino también la anticipación de ese gusto antes de que los probemos. Hoy día los neurocientíficos saben que justo desde el momento en que decides comerte un bombón, una red de centros de "placer" o "recompensa" comienza a activarse y a liberar sustancias químicas cerebrales que conducen inevitablemente al "lugar feliz". Estas redes son también las mismas que funcionan a toda potencia cuando estamos enamorados. Son las mismas redes que escapan a todo control cuando la persona es adicta a las drogas.

Una cosa es comprender la participación del cerebro en el consumo de chocolate, y otra muy distinta *experimentar* el sabor del chocolate. El conocimiento de la primera no descarta la existencia del segundo. La expresión "problema difícil de la consciencia" (del que hablamos en los capítulos 3 y 4) se acuñó precisamente porque los procesos cerebrales y la experiencia humana son dos cosas muy distintas. La actividad cerebral no proporciona una carta blanca para eliminar la experiencia genuina.

Además, los datos sobre el cerebro no nos dicen nada de por qué la persona ha decidido comer chocolate, qué sucesos de su día le han llevado a ese punto y qué emociones asocia con el acto de comer en general. A lo mejor se está celebrando el cumpleaños de alguien. Quizá no ha comido en todo el día y busca un tentempié. O es posible que le embargue un sentimiento de culpa. De igual manera, puede que entendamos parte del funcionamiento del cerebro durante el amor romántico, pero eso no nos dice nada sobre a quién decidimos amar, ni durante cuánto tiempo ni cómo tratar a nuestra pareja todos los días. Aunque entendamos la neurobiología de la drogadicción, esto no puede decirnos cómo alguien llega al punto en que los agentes químicos destructivos se convierten en el eje central de su vida.

Para decidir si un encuentro es auténtico, tenemos que formular más preguntas. ¿De qué tipo de experiencia se trata? ¿Es coherente con las creencias de la persona? ¿Ese encuentro se ha dado en más ocasiones? ¿Puede verificarse? La historia de la persona, y quizá de otros observadores, será tan importante como la señal de su cerebro para decidir si el encuentro es genuino. Los beneficios de la imagenología cerebral son muy grandes, pero esta técnica tiene sus límites en cuanto a qué puede decirnos. La actividad cerebral no significa que la experiencia no sea auténtica.

LA ACTIVIDAD CEREBRAL, ¿SIGNIFICA QUE DIOS NO EXISTE?

La presencia de actividad neuronal, ¿pone en duda la existencia de Dios? ¿Deben temer los cristianos que la neurociencia está desterrando a Dios de la escena? En absoluto. El hecho de que algo *se experimente por medio* del cerebro no significa necesariamente que *se originase* en él. El hecho de que conozcamos y comprendamos el sistema de la recompensa en el cerebro no quiere decir que dudemos de la existencia del chocolate. ¡Es una idea absurda! Tampoco podríamos en tela de juicio la existencia de nuestro novio, novia o cónyuge, cuyo amor también activa nuestro cerebro. El propio hecho de que el chocolate y nuestra pareja existan es lo que provoca la actividad cerebral.

De igual manera, la actividad cerebral durante la oración no niega a Dios. De hecho, hay filósofos como Alston, Plantinga y Swinburne que sostienen que las experiencias religiosas auténticas, en términos más generales, son evidencias *a favor* de la existencia de Dios.[140] Y si Dios *existe*, no nos sorprende que nos creara de forma que nuestros cerebros se activan cuando nos encontramos con él. Este tipo de datos no supone una amenaza para la creencia religiosa en general, ni tampoco para la creencia cristiana.

---

140. plato.stanford.edu/entries/religious-experience/#TypRelExp (consultada el 8 de enero de 2019).

Por supuesto, si crees que somos nuestros cerebros, podrías decir que la actividad cerebral explica por qué hay experiencia religiosa. Pero si existe una mente que influye en el cerebro, la actividad cerebral solo es uno de los distintos tipos de explicación. Llegar a la conclusión de que tenemos que elegir entre la actividad cerebral y la realidad de Dios supone subestimarnos. Ambas cosas son necesarias para comprender plenamente la experiencia religiosa.

Grandes esperanzas

El hecho de que el cerebro y la mente de una persona participen cuando esta ora es exactamente lo que cabría esperar. El Dios revelado en las páginas de la Biblia ha creado a las personas con las dimensiones física y espiritual. Una persona es una encarnación misteriosa y hermosa de cómo ambas dimensiones trabajan juntas. Si los encuentros con Dios son reales, cabría esperar que lo normal es que activen el cerebro en lugar de esquivarlo. La actividad cerebral, en lugar de ser una amenaza para Dios, es justamente lo que prediciríamos. Está teniendo lugar algo concreto, donde participan procesos físicos y espirituales. El teólogo N. T. Wright lo expresa de esta manera:

> …*La esfera de Dios y la nuestra… no se conciben como algo aislado o separado. Se solapan y se entrelazan. Dios siempre obra en el mundo, y Dios está siempre actuando en los seres humanos e interpelándolos, no solo por medio de una facultad como el alma o el espíritu, sino a través de cada fibra de nuestro ser, y en particular de nuestros cuerpos. Por eso no temo que un día los neurocientíficos logren dar una explicación completa de qué neuronas se activan en determinadas circunstancias, incluyendo las que pudieran indicar que la persona responde a Dios y a su amor mediante la*

alabanza, la oración y la adoración. ¿Por qué no iba el Creador a relacionarse con su creación de mil maneras distintas? ¿Por qué el cerebro, el corazón y el cuerpo no iban a estar maravillosamente interrelacionados de maneras tan asombrosas que necesitásemos más de una palabra —mente, alma y espíritu— para hablar de todo ello con propiedad?[141]

La Biblia no define a las personas como fantasmas ni como máquinas a las que se les ha lavado el cerebro, sino como seres físicos y espirituales. ¡Aún sería más preocupante que durante la oración no se produjera actividad cerebral!

¡Pero es que no tengo un cerebro religioso!

¿Hay personas que tienen más probabilidades de encontrar a Dios que otras? El grado en el que creo en Dios, ¿está relacionado con el modo en que está organizado mi cerebro? La respuesta afirmativa a esta pregunta podría atraer a algunos, ¡porque les exime de tomar la decisión y les permite atribuirla a su cerebro! Resulta que no tengo el cerebro más indicado para ser una persona religiosa. Sin embargo, los datos obtenidos hasta ahora de la imagenología cerebral no nos permiten llegar a esta conclusión.

En el centro de nuestro salón hay una mesa. Por definición es una mesa de comedor, aunque en realidad tiene muchas funciones. Sí, allí es donde comemos con la familia y los amigos, pero los niños también la usan para hacer los deberes y manualidades diversas. Hemos tenido reuniones en torno a esa mesa, e incluso he escrito algunas palabras

---

141. N. T. Wright, "Mind, Spirit, Soul and Body: All for One and One for All Reflections on Paul's Anthropology in his Complex Contexts". Society of Christian Philosophers: Regional Meeting, 18 de marzo de 2011, Fordham University, Nueva York: ntwrightpage.com/2016/07/12/mind-spirit-soul-and-body (consultada el 8 de enero de 2019).

de este libro sobre ella. La mesa no tiene una sola función; puede servir para distintos propósitos. Dependiendo del momento del día, es un despacho, un lugar de reunión, un restaurante o un espacio para artes creativas.

Lo mismo pasa con las regiones cerebrales que se usan durante la oración; ninguna de ellas sirve exclusivamente para actividades espirituales. Todas desempeñan distintos roles en el cerebro, pero también se requiere su actividad durante la práctica religiosa. ¿Hay personas que tengan una mayor capacidad de relacionarse con Dios que otras por lo que respecta a la composición de su cerebro? No. Todas las personas cuentan con la maquinaria que necesitan.

¿Y QUÉ IMPORTANCIA TIENE?

Muchos dirían sencillamente que no son personas religiosas y que no tienen deseo de serlo. Aun si fuéramos en busca de una experiencia "elevada", el cristianismo es el último lugar donde miraríamos. A menudo la Iglesia occidental es más conocida por sus cultos aburridos y por la pérdida de membresía que por su atractivo para aquellos que puedan estar buscando a Dios. El concepto de "experiencia religiosa", ¿qué les dice a aquellos que se identifican como no religiosos?

La fe cristiana habla de algo mucho más extraordinario, y en cierto sentido, de algo que también es mucho más corriente. El cristianismo no se sostiene ni se hunde por las experiencias religiosas, por importantes que estas sean. El cristianismo se fundamenta en la historia humana y gira en torno a la vida, la muerte y la resurrección de Jesucristo. Jesús, el Dios-hombre, ¿resucitó de los muertos para no volver a morir? Si esto sucedió, lo cambia todo. Si no fue así, los cristianos están equivocados y son dignos de lástima. Por supuesto, se han propuesto muchas ideas creativas para explicar qué pudo suceder con el cuerpo de Jesús. Este no es el lugar donde desarrollar todas las alternativas, pero sí me gustaría constatar que muchos escépticos, incluyendo a un abogado que se propuso desacreditar la resurrección, acabaron llegando a la conclusión de que Jesús *tuvo que* haber resucitado de los muertos.[142] Si aún no has examinado con objetividad la resurrección de Jesús, plantéate hacerlo.

Mi esposo, Conrad, no siempre fue cristiano. Conrad cambió de opinión a la edad de 19 años, un tanto a regañadientes. ¿Por qué? Llegó al convencimiento *de que la resurrección de Jesús era cierta.* Y puedes preguntar: ¿cómo puede llegar a semejante conclusión una persona pensante? Se debió al drástico cambio que experimentaron los seguidores de Jesús después de ver a su Señor resucitado. El día en que murió Jesús se escondieron, asustados, estaban a la defensiva y temían por sus vidas. Seis semanas después, estuvieron dispuestos a arriesgarlo todo para propagar el mensaje de que Jesús había resucitado. Hablaron valientemente en público y delante de las autoridades, independientemente del riesgo de ser encarcelados, torturados y ejecutados. De una u otra manera, las figuras más prominentes del cristianismo naciente estuvieron dispuestas a morir por lo que creían. ¿Qué era necesario para producir un cambio tan impresionante en aquellas personas? Probablemente, ver a su mentor, amigo y Señor levantándose de la tumba para volver a la vida fue más que suficiente.

Y quizá te preguntes: ¿qué importancia tiene un acontecimiento de hace dos mil años para la vida del siglo XXI y para la actividad cerebral? Es relevante porque el concepto de experiencia religiosa parece inaccesible e indeseable para

---

142. A. H. Ross, *Who Moved the Stone?* (Faber & Faber, 1930); G. R. Habermas, A. Flew y T. L. Miethe, *Did Jesus Rise from the Dead?: The Resurrection Debate* (Wipf & Stock, 2003).

muchos de nosotros. Sin embargo, Dios ha extendido una invitación que está abierta a todos. No se nos invita a relacionarnos con Dios de una manera abstracta, formal y a distancia, ni a tener una experiencia mística desconectada. La invitación es a resucitar de los muertos. Y esta no es solo una esperanza futura, sino una realidad experimentada en el presente. Ser cristiano supone apartarse de todo lo que es malo e invitar a nuestras vidas al mismo Espíritu Santo que resucitó a Cristo de los muertos. El apóstol Pablo, en una carta a la iglesia de Roma, lo expresó de esta manera:

Y si el Espíritu de aquel que levantó de los muertos a Jesús mora en vosotros, el que levantó de los muertos a Cristo Jesús vivificará también vuestros cuerpos mortales por su Espíritu que mora en vosotros.

(ROMANOS 8:11).

El Espíritu Santo empieza a devolver la vida a las cosas muertas que hay en nosotros. Da "vida a nuestros cuerpos mortales". ¿Qué significa eso en la práctica? Que un trabajo sin futuro o un jefe difícil se vuelvan más soportables. Quizá empecemos a conectar de nuevo con familiares de quienes estábamos distantes. A lo mejor nos vemos libres de una adicción o de una conducta destructiva. Recibimos fuerzas para enfrentarnos a las presiones del trabajo o de los exámenes. Encontramos a Dios de maneras muy reales, a medida que él transforma situaciones cotidianas y a gente normal, por medio de su Espíritu Santo. Hasta nuestras actitudes comienzan a cambiar. *Nosotros* cambiamos, y para mejor. Todos los cristianos experimentan a Dios por medio del Espíritu Santo que vive en ellos. Esto puede adoptar muchas formas, desde una profunda sensación de paz en lugar de pánico hasta una experiencia sobrecogedora de la presencia de Dios.

Un día, las implicaciones de esta transformación se darán de forma plena. Un día, Dios hará nuevas todas las cosas. Un día, aquellos que conocen a Dios seguirán conociéndole para siempre. Un día, todos verán y se encontrarán con Dios cara a cara.

UNA INVITACIÓN PARA TODOS

Nunca olvidaré el día en que en mi iglesia local se bautizó un muchacho discapacitado. No sé cuál era la naturaleza exacta de su discapacidad, solo sé que iba en silla de ruedas y que solo podía hablar usando un software de reconocimiento de voz. Fue extremadamente emotivo oírle prepararse para el bautismo respondiendo a las preguntas: "¿Das media vuelta para seguir a Cristo?". "¿Renuncias al mal?". "¿Te arrepientes de tus pecados?". Después de cada pregunta, él respondía de una manera que evidenciaba que entendía plenamente lo que estaba sucediendo y por qué. Aquel bautismo me recordó que la relación con Dios no depende de tener un cerebro plenamente funcional. Las personas con una función cerebral limitada pueden conocer a Dios y ser conocidas por él.

Un joven llamado Luke, que tiene una discapacidad psíquica y física, ha formado parte de nuestra iglesia desde que nació. A veces, durante el culto, Luke está callado, y otras emite sonidos rítmicos mientras se balancea hacia delante y hacia atrás. De vez en cuando, sobre todo durante el sermón, las oraciones o alguna canción concreta, da palmas. Para algunos, es simplemente una persona discapacitada estimulada por lo que ha escuchado o visto. En el fondo, yo creo que Luke *lo ha entendido*. Sus padres y las personas de la iglesia que han ayudado a Luke durante sus 19 años de vida, cuentan que él está siempre abierto a Dios. Han sido incontables las personas que se han acercado a Luke al final del culto para darle las gracias por haberles abierto los ojos a cosas nuevas. Si mirases a Luke a los ojos, verías brillar en ellos el amor de Dios. Luke conoce a Dios; le experimenta a pesar de tener una discapacidad mental y física, y lo expresa sin inhibiciones. ¿Quién sabe qué redes cerebrales se activan en ese momento? Pero una cosa está clara: cualquier persona, sea cual sea su limitación, puede conocer a Dios. Quienes disfrutan de cuerpos sanos y de mentes funcionales tienen mucho que aprender de las personas discapacitadas. Dios es mayor que el cerebro humano, y se relaciona con cualquier persona, con todas, independientemente de la capacidad cognitiva que tengan. Nadie está fuera de su alcance.

8
¿Por qué puedo pensar?

Vamos a concluir este libro donde lo empezamos: con una niña sentada junto a una ventana un día de lluvia, observando cómo las gotas resbalaban por el cristal. Si te acuerdas, la niña era yo. En mi estado de leve aburrimiento, me vinieron algunas preguntas a la mente. "¿Por qué puedo pensar?". "¿Por qué soy una persona viva, consciente y que respira, que puede experimentar la vida?". Fue como si las preguntas no vinieran de ninguna parte. Surgieron de forma espontánea. Quizá incluso sin desearlo. No estaba reflexionando; solo estaba allí sentada. Aun así, allí estaban todas aquellas preguntas. ¿Por qué puedo pensar? A lo mejor a ti te ha pasado algo parecido.

Hasta ahora, este libro ha intentado abordar algunas de las distintas preguntas relacionadas con la consciencia humana: *¿Soy solo un cerebro? ¿Está anticuada la creencia en el alma? ¿Somos solo máquinas? ¿Es el libre albedrío un espejismo? ¿Estamos programados para creer? La experiencia religiosa, ¿es solo una actividad cerebral?* Algunos han argüido que, dado que vivimos en un mundo de materia sin sentido, la respuesta a todas estas preguntas debe ser "Sí". Yo he afirmado que, si en este mundo hay algo más de lo que podemos ver con nuestros ojos, la respuesta a cada una de esas preguntas es un rotundo "No". Los seres humanos son mucho más que solo sus cerebros. Los cerebros no piensan: piensan las *personas,* usando su cerebro. Los humanos poseen una mente consciente que interactúa con el cerebro, pero no es idéntica a él. Hasta mi intuición infantil apunta en esa dirección. ¡Era yo la que pensaba, no mi cerebro!

Los descubrimientos de la neurociencia no nos limitan a concluir que una persona *es* su cerebro. Hay otras opiniones que sostienen científicos y filósofos que, creo yo, explican mejor la persona humana y nuestra experiencia de nosotros mismos. Las he esbozado en el capítulo 4. Los descubrimientos de la neurociencia, además, son totalmente compatibles con la existencia de Dios, y en ningún sentido la creencia en una niega la otra. La neurociencia describe los procesos que tienen lugar en el cerebro cuando pensamos, pero no puede responder a aquella pregunta que me planteé sentada junto a la ventana: "*¿Por qué* puedo pensar?". Hay preguntas que la neurociencia no puede responder y que nunca debimos esperar que respondiese.

¿QUÉ SENTIDO TIENE LA CONSCIENCIA?

Se ha dedicado mucho tiempo a intentar responder la pregunta: "Qué *es* realmente la consciencia?". Pero si la mayoría de nosotros puede al menos estar de acuerdo en que existe, quizá una pregunta que puede sacarnos del callejón sin salida es: *¿Para qué* sirve la consciencia? *¿Por qué* existe la consciencia? En otras palabras, ¿exactamente *por qué* puedo pensar?

Un número reciente de *New Scientist* incluía un artículo que planteaba precisamente esta pregunta. Se titulaba

"Por qué ser conscientes: los orígenes improbables de nuestra mente única". Esta revista es famosa por su postura atea, sin embargo, pocas páginas después del comienzo del artículo, el redactor admitía los límites de nuestro entendimiento actual y la necesidad de formular preguntas diferentes sobre la consciencia. Según el escritor Bob Holmes, para seguir avanzando tenemos que plantear preguntas sobre los orígenes y el propósito:

No existe un patrón distintivo de actividad cerebral que apunte a la consciencia... Ni siquiera comprendemos del todo qué es la consciencia. Pero quizá haya un modo de dilucidarlo. ¿Y si rastreamos la consciencia hasta su origen? Entonces, en lugar de preguntar qué es la consciencia, preguntamos por qué evolucionó; en otras palabras, ¿para qué sirve?[143]

¿Podemos rastrear la consciencia hasta sus orígenes? Es una buena pregunta. Por supuesto, las creencias determinarán hasta qué punto nos remontamos. Si creemos que el mundo natural es todo lo que hay, nuestra búsqueda de los orígenes de la consciencia seguirá encuadrada en este mundo. Como era de esperar, el artículo busca el rastro de la consciencia en la historia evolutiva del reino animal. Pero ¿qué sucede si en este mundo hay algo más allá de animales, vegetales y minerales? ¿Y si los orígenes de la consciencia son más antiguos? Si es así, tendremos que ampliar nuestra investigación más allá del mundo natural.

En el capítulo 4 preguntábamos si el origen de la consciencia se puede rastrear hasta un ser consciente llamado Dios que siempre ha existido. Si esto fuera así, ¿cómo nos ayuda?

---

143. B. Holmes, "Why Be Conscious: The Improbable Origins of our Unique Mind", *New Scientist*, 10 de mayo de 2017.

Significa que aunque en el mundo creado la consciencia, la mente y el cerebro se encuentran misteriosamente relacionados, también es posible ser consciente *sin* tener cuerpo. Es posible tener una mente sin tener cuerpo. Antes de que existiera nada físico, Dios ya existía. Y, como dijo Jesús, Dios es espíritu (Jn. 4:24). Puede que esto suene controvertido en nuestra era moderna. Después de todo, la idea subyacente en la declaración que hizo Madonna en su tema de 1985 "We live in a material world" ("Vivimos en un mundo material") se ha hecho más fuerte durante las últimas tres décadas.[144] Sin embargo, antes de descartar esta posibilidad, mantengamos como mínimo una mente científica abierta y veamos si esto nos ayuda a entender unas cuantas cosas más.

¿QUÉ TIENEN DE ESPECIAL LAS PERSONAS?

Sean cuales sean nuestras creencias, creo que la mayoría estaría de acuerdo en que la vida humana es preciosa. Nos resistimos a todo lo que la rebaje, desde el tráfico de personas hasta el maltrato infantil o el ciberacoso. Pero ¿por qué? ¿De dónde viene este valor intrínseco? Según la Biblia, los seres humanos son creados a imagen o semejanza de Dios (Gn. 1:27). ¿Qué significa ser hechos "a imagen" de otra cosa? En el lenguaje cotidiano decimos que algunos niños son "el vivo retrato" de uno de sus progenitores. En otras palabras, que el parecido entre un progenitor y el niño o niña es muy fuerte. De la misma manera, un escáner cerebral produce una imagen muy detallada de tu cerebro. No es el cerebro en sí, sino una imagen que se parece mucho a él. Entendemos que la imagen apunta al cerebro que tienes en la cabeza y al mismo tiempo revela cómo es.

---

144. "Material Girl", de Peter Brown y Robert Rans, cantada por Madonna (Sire Records, 1985).

De igual modo, se nos dice que somos hechos a imagen de Dios, porque, en cierto sentido, reflejamos cómo es Él. Tomemos por ejemplo las relaciones personales. No hace falta mirar muy lejos para ver que somos seres relacionales. ¿Qué película o serie de Netflix no se centra en la formación, la ruptura o la restauración de las relaciones entre amigos, cónyuges, novios y novias, hijos, padres y demás? Los adolescentes desean ser aceptados en un grupo de amigos, y en nuestro mundo occidental individualizado, a pesar de la accesibilidad omnipresente de las redes sociales, la soledad es como un cáncer. Somos seres relacionales. Pero ¿por qué? ¿Simplemente con un propósito reproductivo? Pues no. La idea de ser hechos a imagen de Dios precisa de una explicación más grande: somos relacionales porque Dios es relacional. Dios ha existido siempre como una comunidad formada por el Padre, el Hijo (Jesús) y el Espíritu Santo: Dios en tres personas.

El concepto hebreo de "imagen" habría incluido también cierto grado de responsabilidad individual y moral. Los humanos son algo más que primates avanzados. De hecho, un salmista nos describe como algo más cercano a los ángeles que a los animales, diciendo:

> *Le has hecho poco menor que los ángeles, y lo coronaste de gloria y de honra.*

> (SALMOS 8:5)

Los humanos son los representantes de Dios en el mundo y, como tales, tienen un papel en el cuidado del mundo natural. La imagen de Dios nos ayuda a responder a la pregunta: "¿Soy solo un cerebro?". Si somos hechos a imagen de Dios, nuestra identidad esencial no está sujeta a los caprichos de una enfermedad degenerativa o a una atrofia relacionada con la edad. Cada humano es infinitamente precioso y amado por Dios, independientemente de lo que le esté sucediendo a su cuerpo o a su cerebro. Cada uno de nosotros está hecho a imagen de Dios para tener una vida con sentido y con propósito.

El concepto de la imagen de Dios también nos ayuda a responder a la pregunta: "¿Por qué puedo pensar?". Tenemos mente porque Dios la tiene. Pensamos porque Él piensa. Somos conscientes porque Él tiene consciencia. Y nuestra mente y nuestra consciencia de nosotros mismos y del mundo, aunque sean muy reales, no son más que el principio.

¿HAY ALGUIEN AHÍ FUERA?

Hoy en día casi todos los televisores son digitales y de alta definición. Sin embargo, los que tengan una cierta edad recordarán los días de la televisión analógica, cuando la antena, en lugar de estar incorporada, se colocaba encima del aparato. Era necesario sintonizar el televisor con los cuatro canales disponibles, y la antena era clave para captar la señal. A menudo, la mejor imagen se captaba solamente cuando alguien sostenía la antena en un rincón del cuarto. Afortunadamente, los días de sostener la antena hace mucho que pasaron; sin embargo, este concepto de la antena exterior nos ayuda para comprender la consciencia.

Dentro de nuestro mundo material, se habla a menudo de la mente y de la consciencia como si fueran electrónicas, parecidas a los componentes eléctricos internos de un televisor. Pero ¿y si la consciencia se parece más a la *antena* que el sistema electrónico?[145] ¿Quizá sea mejor describir la consciencia como la mediadora de una miríada de señales que entran y salen del cerebro y giran en torno a él? Incluso

---

145. Parecido al ejemplo de la radio que usa Justin Barrett en J. L. Barrett, "Toward a Cognitive Science of Christianity", en J. B Stump y A. G. Padgett (editores), *The Blackwell Companion to Science and Christianity* (Wiley-Blackwell, 2012), p. 329.

los materialistas muestran simpatía por esta idea, y entienden la consciencia humana como una especie de "control central"; lo único es que, bajo su punto de vista, el tipo de señales está limitado al mundo material. Pero si Dios existe, hay señales que provienen de dentro del mundo material y señales que proceden de más allá del mundo material: señales del propio Dios.

¿Qué propósito tiene la consciencia? *Que tengamos la oportunidad de conocer a Dios.*

Encuentros en la tercera fase

Cuando mi amigo y colega David Bennett tenía veintipocos años, era ateo y activista de los LGBT. Su libro *A War of Loves* ("Guerra de amores") plasma lo impresionado que se quedó al conocer a una cineasta, Madeline, que no mostraba ningún reparo en decir que su motivación y su inspiración para hacer cine procedían de su fe cristiana.[146] La reacción inicial de David fue de profundo desacuerdo. Él creía que Dios era un aguafiestas, un legislador esclavista que mantiene a todo el mundo bajo control. A David, la fe cristiana no le resultaba atractiva. Entonces Madeline le formuló una pregunta clave: "Pero, David, ¿has experimentado el amor de Dios?". Según Madeline, Dios no solo era verdad objetivamente, sino que también era real en la experiencia personal.

La fe cristiana no solo está cimentada en la historia, la filosofía y la teología. Dios es también una persona con la que encontrarnos. Es una experiencia en primera persona, no una observación en tercera persona. Muchas personas sacan sus conclusiones sobre Dios basándose totalmente en observaciones de tercera persona sobre Él y sobre aquellos que

---

146. D. Bennett, *A War of Loves* (Hodder, 2018).

creen en él, que pueden ser correctas o no. Pero a Dios se le puede *conocer*, y nos ofrece una relación con Él. La experiencia que tiene la gente de Dios suele ser muy distinta a lo que habían escuchado sobre Él. Esto fue sin duda lo que le pasó a David, quien, poco después de este reto que le planteó Madeline, se convirtió en seguidor de Jesús.

Estamos hechos para algo más que este mundo

¿Dónde nos lleva toda esta exposición sobre la mente, el cerebro y la consciencia? En pocas palabras, la respuesta que demos a "¿Soy solo un cerebro?" afecta a nuestra forma de vivir hoy. Si la mente es totalmente material, en última instancia es temporal. Debemos emplearla a su máximo rendimiento ahora, porque un día dejará de existir. Y la vida es corta. Según Steven Pinker, esto es un estímulo para vivir bien. Pinker escribe:

> *Piensa también en por qué a veces nos recordamos a nosotros mismos que "la vida es corta". Es un acicate para tener un gesto de cariño hacia alguien a quien amamos, para enterrar el hacha de guerra de una disputa sin sentido, para usar el tiempo productivamente en lugar de desperdiciarlo. Yo diría que no hay nada que le dé a la vida más propósito que reconocer que cada momento de consciencia es un regalo precioso y frágil.[147]*

Este es un punto de vista, y algunas personas viven de esta manera, lo cual les honra. Pero la creencia de que la vida es corta y nadie nos mira puede de igual manera suponer una invitación para vivir mal. Muchas personas se vuelcan solamente en la búsqueda del éxito, sin que les importe a quién

---

147. Steven Pinker, "The Brain: The Mystery of Consciousness", *Time*, 29 de enero de 2007.

pisotean por el camino. La gente quiere dejar huella en este mundo, precisamente porque la vida es breve. Es decir, las ideas de que la vida es corta y que la consciencia es preciosa pero frágil no conducen necesariamente al tipo de mundo que describe Pinker. Pero ¿y si es cierto que los orígenes de la consciencia se encuentran más allá de este mundo? ¿Y si los humanos tenemos consciencia porque también fuimos hechos para otro mundo?

Y puede que preguntes: ¿qué tipo de mundo? ¿El cielo? Sí, a muchos el cielo no les resulta atractivo porque consideran que implica una existencia desencarnada, fantasmal, etérea, potencialmente espeluznante, que no constituye una perspectiva especialmente deseable. O bien se imaginan el cielo como un lugar empalagosamente dulce, habitado por querubines que flotan en las nubes. De hecho, esta imagen surge más de la idea de Platón de un alma desencarnada, inmaterial e inmortal de la que hablamos en el capítulo 2 que de una concepción bíblica del cielo y de la eternidad.

CUERPOS CELESTIALES

Tal como han explicado teólogos como N. T. Wright, en las páginas de la Biblia se nos presenta una imagen bastante distinta de la vida más allá de la tumba.[148] La vida en la eternidad será tan corpórea como la de este mundo. No subiremos flotando hasta el cielo, sino que un nuevo cielo y una nueva tierra descenderán hasta nosotros (Apocalipsis 21). Utilizaremos todos nuestros sentidos. Podremos ver, escuchar, tocar, hablar y gustar. El cielo será tan real en todos los aspectos como el mundo que experimentamos hoy. Será más grande, mejor, más hermoso y más real que cualquier cosa que podamos imaginar.

---

148. N. T. Wright, *Surprised by Hope* (SPCK, 2011).

Algunos de los versículos finales de la Biblia dicen que Dios hará nuevas todas las cosas. En el nuevo cielo y la nueva tierra, Dios restaurará un mundo físico y material. Resucitará y renovará nuestros cuerpos, nuestros cerebros y nuestras mentes.

¿Cómo encaja la resurrección del cuerpo con los diferentes conceptos que tienen en mente los cristianos? Según la visión fisicalista no reduccionista, en la cual la mente está supeditada al cerebro, Dios recreará a la persona de nuevo una vez esta muera. Desde nuestra posición actual resulta complicado decir cómo sucederá esto exactamente. El amor de Dios, no el estado del cerebro de una persona, es crucial para la continuación de nuestra existencia. Además, está claro que un Dios capaz de crear un universo partiendo de la nada no tendría ninguna dificultad en recrear a cada persona.

Según el paradigma dualista sustancial, en el que la mente es una entidad distinta al cuerpo, Dios conserva la mente de la persona en un estado temporalmente incorpóreo tras la muerte del cuerpo. Más tarde, cuando llegue la renovación de todas las cosas, se les concederá un nuevo cuerpo resucitado. Sea como fuere, los cristianos no creen que subiremos flotando al cielo. Los humanos tienen cuerpo, tanto en esta vida como en la siguiente. El "cielo" es concreto y bueno.

En 1986 Freddie Mercury hizo la pregunta: "¿Quién quiere vivir para siempre?". No todo el mundo quiere. Muchos, como Pinker, dan más importancia a la calidad de vida que a su duración. Otros aplican cosméticos y consumen pastillas para ralentizar el inevitable proceso de envejecimiento. Los transhumanistas intentan actualizarse convirtiéndose en híbridos biónicos, mitad humano mitad máquina. Ha habido unos pocos elegidos que incluso han hecho que congelen sus cuerpos con la esperanza de que un día la ciencia y la tecnología puedan invertir la propia muerte. El deseo de vivir para siempre es innegable. ¿Por qué es así? El escritor de Eclesiastés explica este anhelo diciendo que…

> *[Dios] Todo lo hizo hermoso en su tiempo; y ha puesto eternidad en el corazón de ellos, sin que alcance el hombre a entender la obra que ha hecho Dios desde el principio hasta el fin. (Eclesiastés 3:11).*

Dios ha puesto en nosotros el anhelo de eternidad. Sin embargo, el alcance de lo que ha hecho Dios está más allá de lo que puede concebir la mente humana. Hay un sentido en que la propia consciencia es insondable, pero sigue siendo algo hermoso y maravilloso. ¿Qué propósito cumple? La consciencia es el portal a todos nuestros sentidos. Es el portal mediante el cual experimentamos la vida en la Tierra, y el umbral a través del cual podemos experimentar a Dios y conocerle. Tanto hoy como eternamente.

ALGUNAS PREGUNTAS

El tema de este libro "¿Soy solo un cerebro?", es una pregunta importante que cabe formular. La gente ha llegado a respuestas muy diferentes. Pero todos tenemos preguntas. Algunas ocupan un lugar central en nuestro pensamiento; otras se van cocinando "a fuego lento". Cuando era niña me encontré preguntándome "¿Por qué puedo pensar?". Aquella pregunta inicial condujo, con el tiempo, a muchas otras.

Una que no dejaba de vibrar en el fondo de mi mente cuando llegué a la universidad era: "No es posible ser científica y al mismo tiempo creer en Dios, ¿no?". Durante mi primera semana en Bristol, tuve la oportunidad de formular esta pregunta directamente cuando asistí a una reunión celebrada en la residencia donde vivía, anunciada con el título "Interroga a un cristiano". Fue después de la cena; cuatro cristianos se sentaron uno junto a otro en la parte delantera del auditorio y permitieron que otros los "interrogasen" sobre la vida, Dios y el universo durante casi dos horas. Yo estaba sentada a unas tres filas de la parte delantera. A mitad de la reunión, me armé de valor, levanté la mano e hice mi pregunta. Gracias a las reflexivas y sinceras respuestas de aquella gente descubrí que sí, uno puede ser un científico riguroso y creer en Dios. Aquella respuesta fue sorprendente, pero a partir de ese momento para mí la creencia en Dios se convirtió en algo teóricamente posible. Durante cosa de un año siguió siendo una teoría. Empecé a pasar tiempo con personas que eran cristianas. Me fijé en cómo vivían, cómo trataban a los demás y qué decían. Les hice muchas otras preguntas. Interrogué a unos cuantos cristianos más.

Cuando llevaba más o menos la mitad de mi carrera de bioquímica, llegué un punto en que, aunque nadie respondía exhaustivamente a mis preguntas, el cristianismo cobró sentido. Explicaba por qué podía pensar, por qué era posible la ciencia, por qué sufren las personas y por qué a pesar de todos mis esfuerzos no soy esa persona perfecta que me gustaría ser. También llegué a la conclusión de que Jesús había resucitado, y llegué a darme cuenta de que quería ser mi amigo. Mis preguntas me condujeron a una persona.

En la primavera de 1995 entregué mi vida a Jesucristo; me hice cristiana. Pasé de ser una observadora de Dios a ser su amiga. Pasé de saber cosas sobre Dios a conocerle en primera persona. Esto no pasó de la noche a la mañana. No conllevó una experiencia dramática, pero mi vida comenzó a experimentar una paz y una sensación de plenitud que antes no había conocido. Llegué a darme cuenta de que Dios me había dado la mente que usaba como científica. El estudio del mundo que Dios había hecho aumentó mi pasión por la bioquímica y mi sentido de propósito y de significado. Me fascinó hasta el punto de leer la Biblia. Lo que antes me había parecido un libro aburrido e impenetrable se convirtió en un texto histórico pero vivo, que a medida que lo leía parecía hablar a mis propias circunstancias.

También experimenté el poder del perdón. Cuando admití ante Dios mis pensamientos y mis actos equivocados, Dios me perdonó, y entonces pude perdonar a otros. Cuando puse mi amargura en manos de Dios, experimenté una nueva libertad. Experimenté el gozo. Ahora llevo más años caminando con Dios de los que lo hice sin él, y nunca me he arrepentido de mi decisión. De hecho, ojalá alguien me lo hubiera dicho antes.

PROSIGUIENDO CON LA CONVERSACIÓN

Puede que seas alguien que tiene todo tipo de preguntas, algunas de las cuales ocupan un lugar prominente en tu pensamiento, otras que borbotean bajo la superficie. El consejo que te doy es: formúlalas, *todas* ellas. Es posible que haya gente a la que puedes acercarte, pero si no es así, hay muchas maneras de seguir con la conversación. Deja que te sugiera unas pocas.

Primero, hay artículos y vídeos online en las páginas fundacionrz.es y rzimlatam.com, y en inglés en las páginas zachariastrust.org, theocca.org y bethinking.org. Para los adolescentes, rebootglobal.org responde a algunas de las preguntas más acuciantes que formulan los jóvenes.

Una segunda opción es iniciar un curso de El corazón del cristianismo https://www.publicacionesandamio.com/products-page/el-corazon-del-cristianismo/ o de Alpha http://spain.alpha.org/ y https://latam.alpha.org/ en tu área. Estos encuentros informales y amistosas son una manera estupenda de formular preguntas junto a otros que están explorando la fe cristiana. A lo mejor en el pasado has recibido una invitación a uno de ellos; quizá sea el momento de aceptarla.

Esta web te puede acompañar en tu lectura de los Evangelios de Juan y de Lucas: uncover.bio.

Tercero, quizá estés preparado/a para echar un vistazo por tu cuenta a una de las cuatro biografías de Jesús, escritas por Mateo, Marcos, Lucas y Juan. A lo mejor en el pasado alguien te regaló una Biblia. ¿Por qué no la coges y empiezas a leerla?

Cuarto, podría ser que, como yo, hayas llegado al punto en que tiene más sentido empezar a caminar con Dios que seguir caminando sin Él. No hay una fórmula fija sobre cómo se hace esto, excepto empezar a hablar con Dios.

Si solamente eres tu cerebro, entonces estás hecho solo para este mundo, y el único mantra por el cual vivir es "vive bien y aprovecha al máximo la vida mientras la tengas". El cristianismo dice que eres más que tu cerebro: estás creado para la eternidad. De una u otra manera, en la eternidad habrá consciencia, ya sea con Cristo o alejados de Él. Vive hoy teniendo en mente la eternidad. Dios no divide a las personas en mente, alma y cerebro. Lo que quiere hacer es unir de nuevo las distintas partes que nos hacen quienes somos. Él nos recompone. ¿Decidirás vivir la vida con Él? Independientemente de lo que creas sobre la mente y el cerebro, esta una decisión que no lamentarás.

BIBLIOGRAFÍA ADICIONAL

- Susan Blackmore, *Conversaciones sobre la conciencia* *(Ediciones Paidós, 2010).* Una serie de conversaciones entre algunos de los principales filósofos y científicos, que ofrece un resumen útil de enfoques no teístas sobre la consciencia.

- Joel Green y Stuart Palmer, *In Search for the Soul: Four Vierws of the Mind-body Problem* (IVP Academic, 2005). Un libro útil que expone y critica cuatro paradigmas del problema mente-cuerpo y hace referencia a muchas otras obras útiles.

- Sam Harris, *Free Will* (Free Press, 2012). Un libro breve pero contundente en el que Harris expone sus opiniones radicales sobre el libre albedrío.

- Thomas Nagel, *La mente y el cosmos: por qué la concepción neo-darwinista materialista de la naturaleza es, casi con certeza, falsa* (Biblioteca Nueva, 2014). Una lectura fascinante de un materialista que sostiene que tenemos que buscar nuevas maneras de pensar en el problema mente-cuerpo, yendo más allá de los simples elementos materiales.

- Adrian Owen, *Into the Grey Zone: A Neurocientist Explores the Border Between Life and Deah* (Faber & Faber, 2017). Un neurocientífico relata su estudio de pacientes en estado vegetativo y el sorprendente descubrimiento de que algunos, a pesar de tener un cerebro gravemente dañado, siguen conscientes.

- J. P. Moreland y Scott Rae, *Body and Soul: Human Nature and the Crisis in Ethics* (IVP, 2000). Un tratamiento cuidadoso y exhaustivo del caso a favor del dualismo cuerpo-alma desde una perspectiva cristiana.

- Malcolm Jeeves y Warren S. Brown, *Neurociencia, psicología y religión* (Editorial Verbo Divino, 2011). Un análisis de las opiniones actuales sobre la mente y el cerebro, entretejidas con los paradigmas cristianos sobre la naturaleza humana.

- Jonathan J. Loose, Angus J. L. Menuge y J. P. Moreland (editores), *The Blackwell Companion to Substance Dualism* (Wiley-Blackwell, 2018). Una colección de ensayos de eruditos pioneros en la filosofía de la mente. Este libro defiende la opción del dualismo sustancial, pero también lo critica y lo contrasta con las alternativas fisicalistas.

- R. J. Berry, *Real Scientists, Real Faith* (Lion, 2009). Historias de dieciocho científicos que poseen una fe cristiana activa.

- *La Biblia.* Si nunca has leído la Biblia, vale la pena que le eches un vistazo por tu cuenta, empezando por una de las biografías de Jesús: Mateo, Marcos, Lucas o Juan.

- Lee Strobel, *El caso de Cristo: Una investigación personal de un periodista de la evidencia de Jesús* (Editorial Vida, 2000). Strobel empezó su investigación siendo ateo y entrevistando a docenas de expertos de todas las disciplinas y estilos de vida.

DE LA MISMA AUTORA

- Sharon Dirckx, ¿Por qué? Dios, el mal y el sufrimiento personal (Andamio Editorial, 2017). En esta obra galardonada, Sharon examina las preguntas difíciles que formulan las personas sobre el sufrimiento, combinándolas con historias de personas que creen en Dios y que han sufrido mucho.

AGRADECIMIENTOS

Ha habido muchas personas que han desempeñado un papel para que este libro vea la luz. Gracias al equipo de TGBC, y especialmente a mi editor, Tim Thornborough. Estoy agradecida a muchas personas del Oxford Centre for Christian Apologetics, incluyendo a Amy Orr-Ewing, Nancy Gifford, John Lennox, Tom Price, Max Baker-Hytch, Ben Page, Simon Wenham y Andy Ruffhead. Más allá de OCCA, también estoy agradecida a Kate Blanshard.

No podría haber escrito este libro sin el apoyo de una generosa familia. Gracias, Abby y Ethan, por entender por qué tuve que atrincherarme para escribir un libro sobre el cerebro. Estoy profundamente agradecida a mi esposo, Conrad, por creer que este libro era posible, y por su incondicional estímulo y ayuda para hacerlo realidad. Pero mi máxima gratitud debe ir destinada a aquel que hace posibles todas las cosas, el Señor Jesucristo.